식탐(食探)

맛있는 대전을 위하여

글 · 사진 **이기진**

필자 이기진은

충남 보령에서 태어난 뒤 홍성에서 초중고 학창시절을 보냈다. 학부는 충남대 경제학과, 석사는 우송대 외식조리학과, 관광경영학 박사학위는 배재대(2018년)에서 받았다.

1990년 대전매일(현 충청투데이)에 입사해 2년여 사건기자 생활을 주로 한 뒤 1992년 동아일보로 옮겨 현재는 동아일보-채널A 대전충청취재본부장을 맡고 있다. 현직기자 생활만 30년 했다.

기자로 재직하며 한식·양식·중식조리기능사 자격증을 취득했고 이를 계기로 세계대백제전 백제음식경연대회 심사위원(2008), 제34차 세계조리사회(WACS)칠레총회 한국대표단 파견(2009), 아프리카 세이셸군도, 한식갈라디너쇼 개최(2011), 대전세계조리사(WACS)대회 전문위원(2012), 한-과테말라 수교 50주년 과테말라시티 한식세계화전 한국대표 참가(2015), 충청남도 축제육성위원회 위원(2015~2017), 대전광역시 축제육성위원(2017~), 대전방문의 해 추진위원(2019), 대전사이언스페스티벌 자문위원(2015~), 홍성 역사인물축제 및 한우축제 자문위원(2019), 백제문화제 선양위원 및 음식평가위원(2017~) 등을 지냈다.

2015년 국내 최초 최대 규모의 세종푸드트럭페스티벌을 개발해 5차례 현장 감독했으며 대전 청춘예찬프라자 및 대한민국 청년셰프페스티벌을 개발 감독(2017~2018)했다. 공주군밤축제 전국요리경연대회(2019), 홍성역사인물축제 전국요리경연대회(2019), 대전 대청호 오백리길 할로윈&호박축제 요리경연대회(2019)를 기획 추진했다.

비영리법인인 사단법인 한국음식문화진흥연구원을 설립해 초대 이사장(2015~2018)을 지냈으며, 책 '대전에서 뭘 먹지'와 '대전 맛 지도'를 공동 발간했다. 제30회 대전시문화상(언론부문)을 수상했다.

현재에도 문화체육관광부 '대한민국 테마10선 9권역(대전 공주 부여 익산)' 민간관광조직 지역협의체(DMO) 회장을 맡고 있으며 백제권 미각여행 프로그램인 '여백의 미'(여고동창생과 떠나는 백제 미각기행)를 개발해 추진하고 있다.

책은 '대전지하철 100배 즐기기', '남자야 주방으로 들어가자', '산음식이 산 음식이다', '대전에서 뭘 먹지'에 집필했으며, 박사논문 제목은 '소비자 지향적 축제 음식부스 평가요인이 축제 지각가치(Perception Value)에 미치는 영향'(배재대, 2018)이다.

이 책을 쓴 이유

'금강산도 식후경'이라는 말이 있다. 아무리 아름다운 경관이라도 배고프면 즐거움이 없단 얘기다. 굶주림보다 더한 고통은 없을 터, 배고픈 데 눈앞에 있는 절경이 무슨 소용 있겠는가.

적어도 6, 7년 전부터 텔레비전 인기 프로그램의 판도가 완전히 바뀌었다. '먹방'(먹을거리를 소재로 한 방송 프로그램), '쿡방'(요리를 소재로 한 방송 프로그램)에 이어 '푸드 투어'가 대세다. 어떤 채널을 선택하더라도 이 같은 프로그램이 시청자를 사로잡는다. 그만큼 먹을거리를 소재로 한 방송 프로그램은 시선을 끌게 마련이다.

여행지를 선택할 때도 문화재나 경관보다 이제는 음식이 기준이 되고 있다. 문화체육관광부 산하 한국문화관광연구원의 분석결과다. 갈수록 미각투어의 비중이 높아가고 있으며 관광활동의 20% 이상이 바로 음식활동이다. 미국과 유럽 등에서는 더욱 높은 비중이다.

그러다보니 각 지방자치단체마다 음식 브랜드를 통한 관광객 유치에 힘을 쏟고 있다. 전남 목포시가 '맛의 도시'를 선포했고, 광주광역시와 전남 여수가 다양한 음식 콘텐츠를 쏟아내고 있다. 여수밤바다 앞 낭만포차가 관광객을 흡입하는 힘이 얼마나 센지는 가본 사람은 다 안다.

축제도 이제는 음식을 빼놓고는 말할 수 없다. 방문객을 끌어들이기에도, 좋은 평가를 받기에도 음식을 외면하곤 어렵다. 필자가 2018년 박사학위 논문을 준비하면서 일반인과 전문가를 상대로 한 설문조사에서 일반인은 68%, 전문가는 75%가 '축제에 있어서 음식은 매우 중요하다'라고 답했다. 축제 콘텐츠에만 노력을 기울여선 안된다.

1982년 대전생활을 시작해 어느덧 40년이 돼 간다. 대전이 제2의 고향이 아니라 제1의 고향이라 해도 될 법 하다. 그동안 많은 변화를 지켜봤다. 기자라는 신분 때문에 남들보다는 조금 더 밀착해서 변화를 지켜봤고, 변화의 방향을 예견하는데도 그나마 한 발자국 빨랐을지 모른다. 필자가 대전이 공들여야 할 분야가 바로 '음식'이라고 이야기 하는 것은 위와 같은 트렌드 때문이다.

인간이 먹고 사는 일이야 과거에나 고민했던 얘기다. 이제는 어떻게 먹고 어떻게 사느냐를 뛰어넘어 음식을 활용해 도시를 어떻게 살릴 수 있느냐를 고

민할 때다. 축제도 관광도 매력적인 먹거리나 음식관련 이벤트 및 흥미 요소가 있을 경우에는 주목받게 된다.

필자가 살아 온, 살고 있는, 또 살아야 할 대전은 타 시도에 비해 '먹을 게 없다'거나 '노잼(재미가 없는) 도시'라는 말을 자주 듣는다. 특히 먹을 게 없는 도시라는 얘기는 억울하다. 대전이 누명(陋名)을 쓴 것이라 생각한다. 먹을 것도 많고 스토리도 많은 데 텔링이 되지 않았다는 게 필자의 생각이다. 관광객을 늘리고 도시브랜드를 확산시키기 위해 대전시는 2019년부터 2022년까지 3년을 '대전방문의 해'로 정하고 다양한 기획과 이벤트에 예산을 쏟고 있다. 하지만 사람을 불러들이기에 정작 필요한 '음식' 분야에는 소홀히 하고 있다.

따라서 음식과 요리, 관광과 축제에 남들보다 조금, 아주 조금 더 관심을 가져왔다고 생각하는 필자로서 그동안 보고 느껴온 이 분야에 대한 문제점을 지적하고 나름의 대안을 제시해보고 싶었다. 그러다 보니 대전시의 음식분야 정책, 축제 및 관광부문의 음식, 그리고 지역 청년셰프들의 이야기가 자연스럽게 많아졌다. 때론 정책 입안자를 비판하기도 했지만 충언(忠言)으로 받아들여줬으면 한다.

책의 제목을 '식탐(食貪: 음식을 탐내다)'이 아닌 '식탐(食探: 음식을 탐구하다)으로 정한 이유도 이 때문이다.

책 제1부 식탐(食貪: 탐할 탐)은 음식을 탐내는 이야기다. 2부는 대전지역 음식정책의 문제점과 가능성을 지적한 식탐(食眈: 누여겨 볼 탐)으로 정했다. 3부는 다시 식탐(食探: 탐구할 탐)으로 음식에 대한 연구 내용을, 4부는 이제는 음식으로 즐긴다는 차원에서 식탐(食耽: 즐길 탐)으로 구성했다.

음식에 욕심을 내다보니(食貪) 음식을 눈여겨 보게 됐고(食眈), 이어 음식을 연구하게 되고(食探) 결국은 음식으로 즐긴다(食耽)는 구성이다.

책을 내는데 모든 행정적 처리를 도와 준 대전문화재단 관계자와 출판 물꼬를 터준 최성수 대전서구문화원 사무국장, 그리고 나의 세 번째 책을 내는 데 흔쾌히 수용해 진행해 준 도서출판 이화 성정화 대표와 늦은 출고로 밤새워 편집에 애를 써 준 송신호 디자이너에게 감사의 말을 전한다. 아내 명경희와 아들 권석, 딸 지은이는 물론이다. 어릴 적 살던 바닷가에서 싱싱한 재료로 맛있는 음식을 늘 해주시던 어머니 이명자, 아버지 이유성님에게도 마찬가지로 감사말씀을 드린다.

2019년 12월 **이기진**

차례

1부 식탐(食貪:음식을 탐하다)

'맛있는 대전'을 위하여

1-01 음식이 살아야 도시가 산다 **12**
1-02 음식이 살아야 축제가 산다 **14**
1-03 축제여, 음식을 깔보지 마라 **20**
1-04 맛있는 대전을 위하여 **24**
1-05 음식 속에 숨어 있는 과학이야기 **26**
1-06 분자요리의 대전 대표음식 가능성 **32**

2부 식탐(食眈:음식을 눈여겨 보다)

왜 '맛없는 대전'이라고 하는가?

2-01 술은 적게, 담배는 많이 피는 대전시민 **36**
2-02 대전의 밤(夜)을 살려야 한다 **38**
2-03 대전사이언스페스티벌, 과학이외 필요한 것 **44**
2-04 선점(先占)했지만 아쉬운 대전와인페스티벌 **48**
2-05 칼국수 한 그릇이면 끝인 칼국수축제 **54**
2-06 온천수에 삶은 달걀 하나 없는 유성온천축제 **58**

2-07 대동하늘공원의 또 다른 과제 **62**
2-08 유성오일장 이대로 끝인가 **66**
2-09 축제재단이 답(答)이다 **70**

3부 식탐(食探·음식을 탐구하다)

'맛있는 대전'은 가능한가?
3-01 대전 '다리위의 향연' 어디갔나 **78**
3-02 대전청년구단이 가야할 길 **82**
3-03 청년 셰프(Chef)의 도시, 대전 **84**
3-04 청년 셰프들의 나눔 이야기 **88**
3-05 우송대는 대전의 자랑이다 **90**
3-06 행사로 끝난 음식·관광 정책토론회 **94**
3-07 주식시의, 우음제방을 아십니까 **98**
3-08 〈특별기고〉 밖에서 본 대전의 음식 **102**

4부 식탐 1(食耽:음식을 즐기다)

'맛있는 대전' 즐기기

4-01 책 '대전에서 뭘 먹지' **108**
4-02 '대전 맛 지도'의 탄생 **110**
4-03 남자야 주방으로 들어가라 **112**
4-04 아빠요리교실 **114**
4-05 세종푸드트럭페스티벌의 성공 비결 **118**
4-06 부여 황포돛배와 공주 금강교에서의 식사 **124**
4-07 서구힐링아트페스티벌의 스트리트 푸드(Street food) **128**
4-08 여백(女百)의 미(味) **132**

5부 식탐 2(食耽:그릇에 문화를 담는 사람들)

요리사 기자가 추천하는
대전에서 꼭 맛봐야 할 음식
대전에서 꼭 가봐야 할 식당 10選

5-01 성심당 **140**
5-02 봉이호떡 **144**
5-03 이비가 **146**

5-04 임진강장어 **148**
5-05 더 리스(The LEE'S) **154**
5-06 꽁뚜 **158**
5-07 대선칼국수 **160**
5-08 이화수 전통육개장 **162**
5-09 원조 태평소국밥 **166**
5-10 올리브가든 **168**

부 록

대전 맛지도
가나다순 **172**
지역별 **188**
메뉴별 **194**

책에 나온 사람들

1부 식탐
食貪 : 음식을 탐하다

'맛있는 대전'을 위하여

1-01 음식이 살아야 도시가 산다
1-02 음식이 살아야 축제가 산다
1-03 축제여, 음식을 깔보지 마라
1-04 맛있는 대전을 위하여
1-05 음식 속에 숨어 있는 과학이야기
1-06 분자요리의 대전 대표음식 가능성

제작 | 청담공방

음식이 살아야 도시가 산다

전남 목포시가 2019년 6월 '한국관광 혁신대상' 콘텐츠 부문에서 최우수상을 받았다. 이 상은 유엔세계관광기구(UNWTO), 아시아태평양관광협회(PATA), 한국관광학회 등이 제정한 관광산업분야 국제 어워드(Award)로, 목포시는 음식 관련 콘텐츠로 공모해 상을 받았다. 목포시는 음식 콘텐츠에 대한 관심이 높아지는 최근 관광 트렌드에 맞춰 2019년 4월 '맛의 도시 목포 선포식'을 가졌다.

'푸드 투어리즘(Food Tourism)'으로 불리는 미식여행은 관광객을 모으는 핵심 콘텐츠다. 한국문화관광연구원에 따르면 관광 목적이 음식 콘텐츠 때문이라는 비율이 2015년 19.3%에서 2016년 19.7%, 2017년 21.2%로 증가했다. 문화체육관광부가 2018년 5월 문화산업교류재단과 함께 미국의 젊은 층을 대상으로 한 조사에 따르면 한국 연상 이미지 1위는 한식이었다. K-pop이나 한류 드라마보다 우위였다. 2019년 문화체육관광부의 '문화관광축제'로 신규 진입해 정부지원을 받는 지역 축제 6개 중 강릉커피축제, 임실치즈축제 등 무려 5개가 음식 콘텐츠다. 매년 '코리아 트렌드'를 발행하고 있는 김난도 서울대 교수도 '음식은 이제 관광의 동기이자 목적이 되고 있다'고 했다.

대전은 어떤가. 결론적으로 말하면 2021년까지 3년 동안을 '대전 방문의 해'로 정하고 외래 관광객 1000만 명을 유치(2018년

330만 명)하겠다는 대전시의 관광 전략에서 '음식 콘텐츠'는 사실상 전무하다.

예를 들어보자. 2013년 대전국제푸드 앤드 와인페스티벌 평가에서 가장 높은 만족도를 보였던 엑스포다리 위에서의 식사(다리 위의 향연) 프로그램이 외지인도 가장 선호하는 프로그램이었다. 갑천 위를 물들이는 석양을 보며 도심 속 한복판에 있는 다리에서 식사하는 모습만 연상해 봐도 매력적이다. 이에 따라 대전시는 2019년부터 상설 프로그램으로 이를 추진하려 했다. 하지만 대전시의회는 예산 1억5000만 원을 전액 삭감했다. 2013년 이 행사를 개최한 전직 시장의 '냄새'가 풍긴다는 게 이유였다고 한다.

'대전다움'을 살리지 못하는 사례도 있다.

대전에는 '맛의 본향'이라 자처하는 호남지역에도 없는 은진 송씨 가문의 전통 조리서인 '주식시의(酒食是儀)'와 '우음제방(禹飮諸方)'이라는 책이 200년째 전해져 내려오고 있다. 책에는 49종의 음식과 24종의 술 빚는 법이 담겨 있으나 이 책은 번역만 된 채 현재 대전시립박물관에서 잠자고 있다. 경북 영양군이 조선시대 음식조리서 '음식디미방'을 지역 출신 안동 장씨(장계향)가 지었다는 계기로 이를 활용한 체험시설, 교육 프로그램으로 관광객을 모으고 있는 것과 대조적이다.

또한 대전은 '청년 셰프'의 도시이기도 하다. 우송대, 우송정보대, 대전보건대, 대전과학기술대, 배재대, 대덕대 등 6개 대학에 음식조리 관련 학과가 개설돼 있다. 전국 어느 대도시에도 이 정도 요리관련 학과가 많은 곳은 없다.

대전의 자랑이자, 특화할 수 있는 대목이다.

음식이 살아야 도시가 산다. '맛있는 대전'을 만들고, 관광객을 모으고 도시브랜드를 확산시켜 도시를 한층 풍요롭게 하기 위해서 대전시는 테스크포스팀(TF)팀을 꾸려보는 방안을 검토해야 한다.

음식이 살아야 축제가 산다

최근 들어 국내 축제를 눈여겨보면 큰 변화가 감지되고 있다. 축제를 주최하거나 주관하는 기관 또는 단체마다 먹거리에 꽤 신경을 쓰고 있다는 점이다. 축제의 콘텐츠 못지 않게 음식이 축제장 방문객들의 만족도나 축제 개최 지역 이미지에 큰 영향을 미친다는 연구결과가 잇따라 발표되고 실제 그 같은 결과가 나오고 있기 때문이다.

필자가 2018년 논문을 쓰면서 일반인과 전문가들을 대상으로 '음식 부문이 축제 성공과 축제 개최지역 이미지에 미치는 영향이 매우 크다고 생각하느냐'고 물었을 때 일반인은 68%, 전문가들은 75%가 '그렇다'고 답변했다. 예상보다 훨씬 높은 긍정적인 답변은 축제에 있어 음식이 그만큼 중요하다는 것을 말해주고 있는 것이다.

2019 홍성역사인물축제 요리경연대회

　충남 홍성군은 2019년 9월 27~29일 홍주읍성에서 열린 '홍성역사인물축제' 때 처음으로 전국요리경연대회를 열었다. 홍성군은 지역 특산품인 홍성한우와 대하가 우수한 품질을 지녔음에도 불구하고 브랜드 파워가 약하다고 판단, 요리경연대회를 통해 이를 널리 알리겠다는 구상을 했다.

　홍성군은 요리경연 주제도 '홍성 특산물(한우, 대하, 새우젓 등)을 활용해 축제장 및 전국 고속도로휴게소에서 누구나 쉽게 먹을 수 있는 간편 요리'로 정했다. 한때 전국 고속도로 휴게소에서 폭발적인 인기를 끌었던 '소떡'(소시지와 떡을 번갈아 만든 꼬치)에 버금가는 메뉴를 만들어 지역 특산물 홍보 및 판매촉진과 지역 브랜드를 한꺼번에 높여보겠다는 전략이었다.

　대전마케팅공사도 2019년 10월 26일 대덕구 대청공원에서 열린 '대청호 오백리길 할로윈&호박축제' 때 호박 가족 요리경연대회를 처음으로 열었다. 이른바 '호박마을'로 불리는 대전시 대덕구 대청호변의 이현마을에서 생산된 호박을 활용해 가족이 참여하는 요리대회도 열고, 호박을 널리 알려 지역민에게 보탬을 주겠다는 취지에서다.

2019 할로윈&호박축제 요리대회 출품작

　이 대회를 준비한 대전마케팅공사 관광사업팀(팀장 오세훈) 김상만 과장은 "호박을 이용한 요리를 브랜드화 해서 '대청호 먹거리'로 만들자는 취지도 담겨 있다"고 말했다.
　대회 총괄감독을 맡은 홍세희 (사)한국음식문화진흥연구원 편집장은 "가족들이 함께 호박으로 건강요리를 만드는 것도 의미가 있지만, 대회에 참가한 사람들은 대청호 할로윈&호박축제를 오랫동안 기억하게 돼 축제 브랜드 및 이미지 향상에도 도움이 될 것"이라고 했다.

　충남 공주시도 2019년 1월에 개최한 '겨울공주군밤축제' 때 역시 처음으로 요리대회를 열었다. 이 대회의 주제는 '공주특산물인 한우와 알밤을 조화시켜 관광객 누구나 사 먹고 싶은 도시락을 만드시오' 였다. 서울, 대구, 전주, 세종, 대전 등 전국에서 10여 개 팀이 참가했다. 공주시는 2020 군밤축제 때 2019 대회 때 대상을 받은 도시락 작품을 축제장에서 판매하는 등 요리대회와 축제 먹거리를 통해 축제의 연속성을 이어 나가기로 했다.
　공주시는 2019 백제문화제때에도 음식부스에 신경을 바짝 세웠다. 대전 충청지역 축제 중 음식콘텐츠에 가장 많은 관심을 갖는 곳은 필자가 생각하기에 단연코 공주시다. 공주시는 백제문화제 때 입점하는 식당과 푸드트럭에 대한 검증을 위해 대학교수, 외식전문가, 언론인 등 각계 전문가로 구성한 시식평가단까

2019 겨울 공주 군밤축제 요리경연 심사장면

지 운영하기도 했다. 사전에 시연을 통해 직접 음식의 맛과 양, 가격을 고려해 입점업체를 선정하고, 축제가 진행될 때에도 현장 암행평가를 실시한다. 이 같은 평가 결과는 다음 해 열리는 축제의 음식부스 선정에 참고자료로 활용된다.

평가단장을 맡았던 공주대 윤혜려 교수(식품과학부)는 "백제문화제 때 관광객들의 만족도는 행사 프로그램 이외에도 음식의 맛, 가격 적절성, 위생 등에 의해 결정되는 만큼 멀리서 찾아오는 관광객들에게 만족도 높은 음식을 제공하는 게 중요하다"며 "축제장을 방문할 때는 축제 콘텐츠를 보고 결정하지만 축제 전체 만족도는 음식에 의해 상당 부분 영향을 받는다"고 말했다.

축제에서 음식이 축제 전반의 만족도 및 축제 개최 지역 이미지, 축제 재방문 의도 등에 큰 영향을 미치는 이유는 뭘까?
그것은 축제장 입장은 대부분 무료이지만 음식은 유료라는 점 때문이다. 대부분 무료로 개방되는 축제장은 설령 만족스럽지 못하다 해도 '지불'을 하지 않았기 때문에 방문객들은 '기회비용'에 대한 판단을 하지 않거나 보류한다. 하지만 음식은 '지불'이라는 금전적 희생을 거치며 반드시 비용(투자)대비 수익(만족도 등)을 고려하는 법이다. 따라서 축제장 음식 부스에서 음식의 맛과 가격, 그리고 위생과 서비스 등은 방문객에게 매우 중요하고도 민감한 문제다.

일부 축제장 음식부스의 어두운 모습

 화천산천어축제, 김제지평선축제, 진주남강유등축제 등과 함께 국내 축제 중 글로벌축제 반열에 오른 보령머드축제의 경우 2019년으로 22회째를 맞았지만 축제 만족도 조사 때마다 음식문제는 매년 '꼴찌'를 면치 못하고 있다. 개최시기가 여름인데다 대부분 수영복 등 가벼운 차림이며, 장소도 바닷가라는 특성을 반영해 음식도 새로운 것을 모색해야 하지만 이 같은 요구를 반영하지 못하고 있다.
 젊은 층과 외국인이 많이 찾는 축제, 그것도 여름철이라는 점을 반영해야 한다.

 필자는 이에 따라 2017년 6월 (사)한국음식문화진흥연구원과 보령시, 대천관광협회, 우송대와 공동으로 '보령머드축제의 지속발전을 위한 먹거리 개선 정책토론회'를 주관하고 주제발표를 통해 '축제 성격에 맞는 음식 개발 및 운영개선 방안'을 제안한 바 있다.

제안 내용 중 대표적인 것은 축제 때만이라도 간편하게 먹을 수 있는 음식을 개발해 판매해야 한다는 것이었다. 보령머드축제 개최지는 해수욕장이어서 주변 음식점은 대부분 생선회나 조개구이를 판매하고 있다. 하지만 여름철 회나 조개구이는 기피 음식 중 하나다. 더욱이 머드축제 참가자들은 대부분 가벼운 수영복 차림이어서 양이 많은 음식을 먹기에도 거북스럽다. 주머니 사정이 여의치 않은 젊은층에게 생선회 값은 만만치 않다.

따라서 보령로컬푸드(오천항 키조개 관자, 삽시도 전복, 주산 한우, 성주산 양송이, 무창포 주꾸미, 죽림 방울토마토 등)를 활용한 한우꼬치, 양송이피자, 전복덮밥, 관자구이 등을 개발해 판매할 것을 제안했다. 지역 농수특산물 판매도 촉진시키고 관광객들이 걸어 다니면서도 간편하고도 손쉽게 먹을 수 있는 이른바 '스트리트 푸드'(Street food), 또는 '핑거 푸드'(Finger food)를 제안했으나 기존 횟집을 중심으로 한 해수욕장 상인회 등의 반대에 부딪쳐 무산되고 말았다.

음식이 살아야 축제가 더욱 발전하는 법인데 아쉬울 따름이다.

보령시 제공

축제여,
음식을 깔보지 마라

  축제장에서 음식 및 음식부스의 중요성에 대해선 축제 기획하는 사람이나, 이를 주관하는 지방자치단체 및 기관 및 단체 모두 소홀히 해왔다. 축제를 평가하는 기관이나 단체는 물론 개인도 이 부분에 대한 관심을 덜 가져왔다.

  문화체육관광부가 정부가 지원하는 '문화관광축제' 방문객을 대상으로 만족도에 대한 설문조사 항목도 보면 음식은 뒷전이다. 2016년의 경우 전체 평가 항목은 25개였다. (축제장)접근성, 홍보안내, 행사내용, 축제상품, 음식, 주변관광지이용, 편의시설 등이다. 이 가운데 식 및 음식부스에 대한 평가 항목은 음식의 다양성과 가격 등 2가지 항목에 불과하다. 축제 전체 만족도에 음식이 미치는 영향이 매우 중요한데도 음식의 맛과 음식의 내용, 음식부스의 시설과 환경, 서비스 품질 등에 대해선 아예 조사대상에 포함조차 되지 않았다.
  대전시나 충남도 등의 지역축제 평가 항목에서도 전체 11개 평가 분야 23개 세부항목 중에서 축제 음식 및 음식부스와 관련된 평가항목은 1개 항목도 포함돼 있지 않다.

이는 축제에서의 음식 및 음식부스의 중요성에 대한 인식이 부족하고 음식부스의 조성과 운영이 소비자 지향적이 아니라 축제 공급자 입장에서 편의적으로 진행돼 왔기 때문으로 이해된다. 또한 축제장 음식 및 음식부스에 대한 객관적이고도 합리적인 평가요인이 마련돼 있지 않은 것도 한 원인으로 파악된다. 이와 함께 음식분야가 축제 프로그램이나 운영, 축제 기념품, 축제장 안내시설 및 편의성, 안전시설, 접근성 등에 비해 비중이 높지 않다는 인식에 따른 것으로 판단된다.

　이러한 요인 때문에 문화체육관광부가 실시한 '2016 문화관광축제 만족도 종합평가'에서도 먹거리는 다른 평가부문의 만족도에 비해 항상 낮은 평균 점수를 기록하고 있다.
　2016년 실시한 국내 43개 문화관광축제에 대한 만족도 평가(7점 리커트 척도)에서 전체 축제만족도 평균값은 5.23점으로 2015년에 비해 1.4% 증가했다. 평가항목은 축제재미, 축제 프로그램, 축제 살거리, 축제 먹거리, 축제 사전홍보, 축제장 안내·해설, 지역문화 이해, 축제장 시설안전, 접근성, 재방문 및 타인방문 유도 의도 등 23개로, 2015년 만족도 5.16점보다 개선된 5.23점으로 나타나 전반적인 축제 만족도가 개선되었음을 알 수 있다.
　하지만 음식다양성과 음식가격을 평가항목으로 한 축제 먹거리 만족도는 전체 만족도 평균값인 5.23점보다 낮은 5.15점으로 나타났다. 또한 2003년부터 2016년까지 같은 기관이 실시한 문화관광축제 축제 먹거리 만족도 역시 표와 같이 전체 만족도 평균값보다 훨씬 밑도는 수준으로 나타나 축제장에서의 먹거리는 여전히 소홀히 취급돼 개선 필요성이 많다는 것을 나타내고 있다.

문화관광축제 중 먹거리 만족도는 대표축제와 최우수, 우수, 유망축제 등 등급별 축제에서도 평균값보다 낮은 점수를 보이고 있다.

축제 먹거리로 지역 농수특산물을 활용할 경우 지역의 경제적 파급효과는 물론 지역 농수특산물 브랜드 향상에도 크게 영향을 미치는 요인으로 작용한다. 이에 따라 이를 보완해 방문객의 만족 및 지역경제에 긍정적인 영향을 미칠 수 있는 방안 구축이 필요할 것으로 보인다.

〈최근 14년간 문화관광축제 연도별 만족도 변화〉

년도	2003	2004	2005	2006	2007	2008	2009	2010	2011	2012	2013	2014	2015	2016
전체 만족도	4.67	4.70	4.71	4.69	4.68	4.70	4.71	4.78	4.69	4.76	4.84	4.87	5.16	5.23
음식 다양성	4.38	4.51	4.41	4.41	4.34	4.39	4.44	4.45	4.42	4.46	4.57	4.69	5.03	5.15
음식 가격	4.16	4.22	4.26	4.28	4.19	4.24	4.32	4.33	4.30	4.35	4.45	4.57	5.03	5.15

문화체육관광부(2017) '2016년 문화관광축제 종합평가보고서'

관광이나 축제에서 음식이 차지하는 비중이 높은 점을 감안하면 방문객들의 만족을 높이기 위한 음식부스의 개선 노력이 필요하다. 특히 축제장에서의 음식부스는 축제 및 개최지역의 전체만족도에 미치는 영향이 크므로 소비자 지향적 음식부스의 조성과 운영이 반드시 필요하다.

또한 축제장에서의 음식부스는 많은 수익을 내는 경우가 대부분이므로 축제기간 반드시 평가돼야 한다. 또한 평가 결과는 차기 축제 때 반영될 필요가 있다. 필자는 이 같은 필요성이 제기됨에 따라 2018년 국내외 다양한 축제장을 둘러보고 음식부스에 대한 다양한 자료와 각종 문헌을 토대로 나름대로 '축제장 음식부스 평가 항목'을 수립해 논문에 활용한 바 있다.

내용	축제장 음식부스 평가돼야 할 항목
부스시설	접근성 편리, 간판, 디자인, 식탁배치, 냉난방시설, 사회적 약자배려, 대기 공간, 날씨변화 대비, 위험요인 제거, 미끄럼 방지시설
부스환경	음식쓰레기처리, 청결유지, 식탁정돈, 주방노출, 바닥청결, 세정제 비치
음식내용	축제성격반영, 사전시식, 음식모형비치, 건강지향, 영양성분표시, 유효기간표시, 원산지표시, 비자극적, 신선도유지, 향토성 반영, 지역식재료사용, 메뉴나양, 양, 온도유지
음식가격	합리적 가격, 어린이 가격 별도표시, 시중보다 저렴한 가격
고객배려	외국어표기, 운영자 공개, 메뉴이해, 음식가격파악 용이, 음식정보안내, 일회용기 사용지양, 식탁전용 냅킨 사용, 음식제공시간 적절, 대기표 발부, 조리방법 공개, 결재방법 다양, 포장가능, 제공시간 고지
종업원	용모단정, 친절, 신속대응, 축제내용 숙지, 축제지역정보 숙지, 조리법 이해

위 평가항목은 필자가 국내외 축제현장 취재와 문헌조사를 바탕으로 임의로 작성한 것입니다.

맛있는 대전을 위하여

　문재인 대통령이 2019년 1월 24일 대전을 방문해 중구 대흥동의 한 식당에서 칼국수로 점심 식사를 했다. 대통령이 서민 대표 음식인 칼국수를 먹은 것은 새로울 것도, 색다를 것도 아니다. 하지만 일부 언론에서는 '대통령도 반한 대전 칼국수 맛', '대통령이 방문한 칼국수 집을 가보니' 등의 보도를 쏟아냈다. 새로운 것도, 색다른 것도 아닌 팩트가 뉴스로, 뉴스에서 다시 이슈로 발전했다.

　대전은 '칼국수 도시'로 불린다. 2018년 말 현재 1만9000여 개의 음식점 중 10%가량인 2000여 개 식당에서 칼국수를 전문으로 팔거나 메뉴에 포함시켜 놓고 있다. 그만큼 대전 시민들이 즐겨먹는다. 대전을 방문한 외지인들도 다양한 칼국수를 먹어보고 싶어 한다.

　대전에 칼국수집이 많은 것은 6·25전쟁 이후 구호물자였던 밀가루가 경부선, 호남선의 교차점인 대전에 많이 몰린 것과도 관련이 있다. 또 전국 각 지역에서 온 사람들이 거주하면서 각 지역 입맛을 면 요리에 쉽게 반영할 수 있었기에 칼국수집이 많아졌다는 이야기도 있다.

　이런 칼국수는 어쩌면 대전의 관광 상품 중 하나가 될 수도 있다. 지금 전국의 많은 지방자치단체들은 음식을 통한 관광객 유치에 열을 올리고 있다. 대전시와 함께 2019년을 '방문의 해'로 정한 전남 순천시는 지난해 지역특산물 고들빼기를 활용한 김치 경연대회를 열었다. 목포시도 '목포 손맛 레시피 영상 공모전'을 열었다. 2019년 4월 개최한 '맛의 도시 목포' 선포식에 앞선 행사였다. 광주광역시도 지역 대표음식을 다시 찾아 나서겠다며 전 국민을 대상으로 공모에 들어갔다.

　이처럼 각 자치단체가 음식에 대한 관심을 높이는 이유는 경관 관람이나 체험관광 못지않게 음식이 관광객을 유치하는 매력적인 콘텐츠라는 것을 확인했기 때문이다. 세계관광기구(UNWTO)도 음식이 국가 브랜드와 이미지 형성에 핵심적인 문화콘텐츠라고 평가하고 있다. 국내에서도 관광지에서의 주요 활동으로 경관감상 비율은 매년 하락하는 반면 음식관광 비율은 증가하는 추세다. 이제 음식은 축제나 관광의 확실한 키워드가 됐다.

　대전시는 올해부터 2021년까지 3년간을 '대전방문의 해'로 정하고 다양한 사업을 펼치고 있지만 음식콘텐츠 부문에는 신경을 안 쓰는 것처럼 보인다. 대통령까지 먹고, 맛있다고 호평한 칼국수를 이제는 대전의 대표음식으로, 관광 상품으로, 관광객 유인 요소로 활용해야 하지 않을까. 대전 중구에서 개최하고 있는 칼국수축제를 시 차원으로 확대할 필요가 있다.

음식 속에 숨어 있는 과학이야기

2018년 대전사이언스페스티벌에서는 한 발 더 나아가 참가한 16대의 푸드트럭 모든 음식에 과학의 원리를 접목시켰다. 즉 '사이언스푸드(Science Food)'의 콘텐츠를 더욱 강화한 것이다.

모든 음식에는 과학의 원리가 숨어 있다. 한국인의 제1호 음식인 김치에는 숙성과 발효의 원리가 배어 있듯이, 트럭마다 판매되는 음식은 응고, 변형, 팽창, 가열, 물질 변화, 화학반응 등 재미있는 과학의 원리가 담겨 있다. 즉 푸드트럭에서 음식을 사먹으면서 과학이야기를 이해하자는 취지다. '알고 보면 더욱 맛있는 법'처럼 방문객들은 자신들이 구입한 음식에 숨겨진 과학이야기를 이해하며 더욱 호기심 있게 음식을 먹을 수 있었다. 당시 필자가 작성한 '음식 속에 숨어 있는 과학이야기' 내용을 소개해볼까 한다. 과학의 도시, 대전시민이라면 늘 접하는 음식 속에 숨어 있는 과학이야기를 이해하면 훨씬 좋을 듯하다.

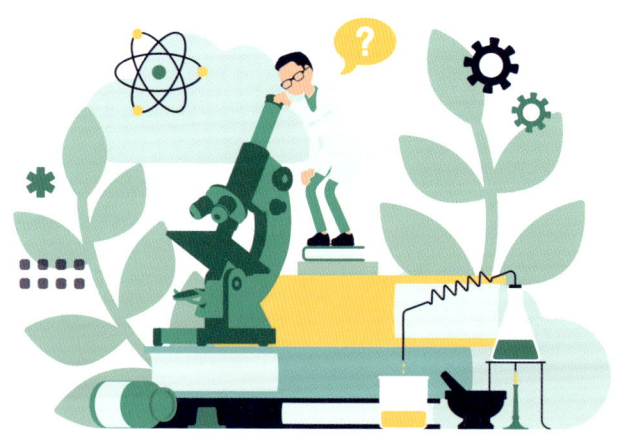

Steak

고기를 가열하면 표면에 있는 단백질과 당분이 '마이야르 반응'을 일으켜 고기의 표면이 먹음직스러운 갈색으로 변하면서도 달콤하고 구수한 맛과 향을 낸다. '마이야르 반응(Maillard reaction)'은 당분과 아미노산이 만나 갈색을 띠는 멜라노이딘을 만드는 반응을 말한다. 고기를 구울 때 나는 특유의 구수한 냄새도 마이야르 반응으로 생긴 것이다.

Coffee

커피를 마시면 졸리지 않고 정신이 또렷해지는 이유는 카페인이란 성분 때문이다. 카페인은 뇌에서 피곤한 신경을 쉬게 하는 아데노신의 작용을 방해해 이같은 각성 효과를 불러일으킨다. 미항공우주국(NASA)의 실험에 의하면 카페인을 먹은 거미는 모기를 한 마리도 잡지 못하고 거미줄도 엉터리로 치는 것으로 나타났다.

마라탕(麻辣燙)

중국에서는 가장 매운 음식으로 꼽히며, 온갖 것이 뒤죽박죽 섞여 혼란스러운 모습이라 하여 '마라탕'이라 불린다. 중국 쓰촨(四川) 스타일의 샤브샤브에서 변화된 요리다. 생강, 파, 마늘, 건고추, 두반장 등을 기름에 5시간 정도 우려내서 만드는데 이때 우지가 응고되는 과정도 겪는다. 청경채 알배기, 숙주, 건두부, 목이, 팽이, 소세지 완자, 메추리알, 당면이 서로 화합한다.

야끼소바 & 우동

삶은 소바면에 야채와 돼지고기를 넣고 볶은 대표적인 일본요리. 주 야채로 쓰이는 양배추에는 부위별로 비타민 A, B, C, U 성분이 있다. 양배추 성분인 MMSC(Methyl Methionin Sulfonium Chloride)는 위 점막 표층점액세포를 재생시키는 효과가 있어 약해진 위 점막을 회복시키고 위장질환이 반복되는 증상을 개선시키는 기능을 한다.

닭강정(Sweet and Sour Chicken)

닭고기에 튀김반죽을 입힌 뒤 기름에 가열하여 튀기면 닭고기의 근육 단백질 속 세포가 수축돼 고기 식감이 좋아지고, 수분이 유출되면서 바삭함을 만들어 준다. 닭고기는 소고기나 돼지고기에 비해 지방이 적고 메치오닌과 라이신 등의 필수아미노산 함량이 높다. 리놀레산 등의 불포화지방산을 많이 함유하고 있어 성인병 예방에 좋다.

불초밥(Fire sushi)

초밥 속에 사용되는 생 고추냉이를 상어 지느러미 상판으로 가는 이유는 냉이가 쇠를 만나면 빠른 산화(酸化)가 이뤄지기 때문이다. 초밥 맛의 비결은 밥 알갱이 사이에 공기층을 만드는 것으로 식감과 풍미를 살리는데 있다. 200도 온도의 토치로 소고기를 살짝 익혀 래스팅(휴지)하는 것은 육즙을 보관하기 위함이다.

추러스(Churros)

추러스는 밀가루 반죽을 막대 모양으로 만들어 기름에 튀겨낸 스페인의 전통 요리. 추러스에는 이스트라는 성분이 있어서 알코올을 분해하는 작용도 한다. 베이킹파우더와 이스트는 똑같이 반죽을 부풀게 하지만 베이킹파우더는 밀가루에 반응해 이산화탄소를 생성해 반죽을 부풀게 하고, 이스트는 알코올 발효를 일으켜 부풀게 하는 차이가 있다.

새우튀김

튀김은 기름을 열매체로 하여 높은 온도로 단시간에 조리하는 방법이다. 튀기면 재료의 수분이 증발하고 그 공간에 기름이 흡수되어 바삭한 질감을 가지게 된다. 영양소나 맛의 손실이 가장 적은 조리법이기도 하다.

꽈배기(Twisted doughnut)

꽈배기 맛을 좌우하는 효소중 하나는 이스트다. 이스트는 빵이나 술을 발효시킬 때 사용하는 효모로 빵의 공기층을 만들어내는 역할을 한다. 밀가루와 물, 소금 등의 재료와 함께 이스트를 사용하면 반죽에서 당 발효에 의한 이산화탄소 발생하고 반죽의 팽창현상이 일어난다. 이때 이산화탄소가 발생하면서 반죽이 숙성되는 변화가 일어나고 향기 성분까지 생성된다.

아이스크림

우유와 치즈는 대량의 칼슘과 단백질, 필수지방산이 함유된 건강식품이다. 두 제품을 섞어 중탕 후 숙성을 하면 유지방 함량이 높아지고 발효가 진행돼 좋은 성분의 효소가 생성된다. 고소하고 건강한 아이스크림이 되는 비법이기도 하다. 농도가 진하면서도 크리미하면 프리미엄 아이스크림이라 말할 수 있다.

떡볶이(Spicy Stir-fried Rice Cake)

떡볶이는 왜 계속 당기는 걸까? 매운 맛은 맛이 아니라 통증이다. 혀의 TRPV1이라는 통각 수용체에 매운 물질(고추=캡사이신, 마늘=알리신)이 닿으면 통증을 느끼고 이것이 뇌에 전해져 매운맛으로 인식되는 것이다. 뇌가 매운맛을 느끼면 혀에 전달된 통증을 가라앉히기 위해 엔돌핀을 내보낸다. 우리 혀 역시 더 많은 엔돌핀을 얻기 위해 매운 음식을 찾게 된다.

이렇듯 대부분의 음식에는 과학의 원리가 숨겨져 있다.

요리가 진화를 거듭하면서 소비자들은 새로운 음식을 원하고 있는 추세여서 과학의 원리가 적용된 '분자요리'는 더욱 발전될 가능성이 있다. 요리에 풍미를 더하기 위해 재료의 가열방식을 달리해 질감을 조절하는 것도 이 영역이다. 첨가 화합물의 열 반응을 이용해 음식에 색깔을 입히는 방법도 있다. 이러한 영역은 학문적으로 정착돼 '분자 미식학'(molecular gastronomy)으로 발전돼 가고 있다.

더욱이 분자요리는 요리사가 아닌 물리학자와 화학자가 규정한 개념이다. 1988년 영국 옥스포드대학의 물리학자 니콜라 커티스와 프랑스의 화학자 에르베 티스가 식재료의 변형에 관한 국제워크숍을 준비하는 과정에서 정립됐다고 한다.

일상에서 흔히 접할 수 있는 대표적 분자요리는 솜사탕이나 뻥튀기, 팝콘, 질소 아이스크림 등이다. 열과 압력에 의해 식재료가 팽창하는 성질을 이용한 것이다.

질소를 액화한 액체질소를 이용한 분자요리는 끓는점이 -196℃인 성질을 이용, 액체인 소스를 급속히 얼려서 고체인 가루형태로 만들거나 아이스크림 액체를 방울로 떨어뜨려 구슬아이스크림을 만들기도 한다. 액체질소에 급속 냉각된 요리는 입자가 곱고 부드러워 독특한 질감을 느낄 수 있다.

분자요리법 중에서는 '수비드(Sous Vide)'라는 요리법이 있다. 대전에서 처음 시작해 전국으로 확산된 가맹점 '수비드 통닭'은 바로 이러한 요리법에 의해 탄생한 것이다. 진공포장이란 뜻의 수비드는 밀폐된 봉지에 식재료를 담아 물의 끓는점 아래인 60℃ 정도에서 천천히 오래 익히는 요리법이다. 모든 영양소와 수분을 그대로 유지한다는 장점이 있다.

2018 대전사이언스 페스티벌 참가 푸드트럭 과학스토리

서울과 부산 등 전국 대부분 도시에는 이 같은 조리법에 의한 분자요리전문점이 등이 있다.

필자는 사이언스페스티벌 기간에 사이언스 푸드존(Food Zone)을 별도로 조성해 대덕특구 내 연구기관의 연구 분야 중 음식 관련 콘텐츠를 한 군데 모을 것을 제안한다. 이를 통해 FTR(Food Tecnology Restaurant)를 구현해보고 로봇과 인간과의 쿠킹 배틀도 진행해 국내는 물론 세계적인 관심을 모을 것을 제안한다.

이름은 음식(Food)와 과학(Science)의 합성어인 '푸디언스(Foodience) 페스티벌'이라고 하면 어떨까?

이와 함께 과학도시답게, 대전시민은 물론 대전을 찾는 외지사람들에게 소개하고 함께 가도 부끄럽지 않을 분자요리전문점 1, 2개쯤은 대전에서 개업되기를 희망한다.

대전을 방문한 사람에게 만약 식사를 대접해야 한다면, "(고급스러운) 한·중·일·양식집에 갈까요, 분자요리전문점에 갈까요?"라고 물어본다면 그는 무엇이라고 답변할까?

분자요리(Science Food), 대전의 대표음식 가능성

　이러한 고민 속에서 이른바 '분자요리'로 불리는 과학요리는 대전의 특색 또는 대표음식으로서 성장 가능성이 있다고 믿는다. 대전의 경우 대덕특구 내 정부출연연구기관에서 다양한 연구 성과가 나타나고 있다. 특히 한국생명공학연구원, 한국원자력연구원, 한국항공우주연구원, 한국한의학연구원을 비롯해 KAIST 등에는 음식과 관련된 콘텐츠가 어마어마하게 존재하고 있다.

　이를 테면 바이오 푸드 및 다이어트 푸드, 사상체질음식 등이 연구단지에서 연구되고 있다. 첨단과학기술을 활용한 미래의 Iot 주방, 음식을 나르는 로봇이나 드론, 갈수록 진화되고 있는 음식 배달 앱 등도 바로 대전에서 선도적으로 연구되고 있다. 충청권에 기반을 두고 있는 한화는 음식 딜리버리(Delivery) 기술을 실용화단계로 끌어 올렸다. 대전전자디자인고에는 드론학과도 있다.

세계적인 분자요리 전문가가 국내에서 처음 요리특강을 진행한 곳도 바로 대전이다. 2018년 5월 2일부터 4일까지 세계 최정상급 셰프 안도니 루이스 아두리츠(Andoni Luis Aduriz)는 대전 우송대에서 분자요리의 진수를 보여주는 요리특강을 진행했다. 우송대는 2016년 6월 프랑스 유명 외식조리대학인 인스티튜트 폴 보퀴즈(Institut Paul Bocuse)와 학술교류 협약을 체결하고 공동 조리실습실을 개원한 기념으로 그를 초청한 것이다.

안도니 루이스 아두리츠는 세계 10대 레스토랑으로 꼽히는 스페인 세바스티앙에 있는 무가리츠(Mugaritz) 레스토랑의 셰프. 신선하고 다양한 재료를 사용한 창의성과 예술성이 돋보이는 분자요리를 개척해 '무가리츠' 라 불리는 새로운 요리 장르를 이끌어 가고 있는 인물이다.

그는 푸아그라 메뉴 개발을 위해 그라나다 대학교에서 거위 간 DNA를 공부하기도 하고 최고의 요리를 선보이기 위해 자체 농장에서 유기농 식재료도 기르며 요리에 대한 연구를 게을리 하지 않는다. 프랑스 최고 요리사들조차 그가 만든 요리를 맛보기 위해 스페인에 직접 찾아갈 정도로 세계적으로 인정받고 있다.

그는 사흘에 걸친 요리특강에서 과학과 조리가 만나 예술로 승화하는 창의성 가득한 조리법을 선보였다.

대전지역 대학들에서도 이 같은 트렌드를 반영해, 분자요리학 강의나 학과 설치도 한번 검토해볼 만하다. '맛있는 대전' 을 위해 다른 도시에 앞서 검토했으면 한다.

2부 식탐
食眈 : 음식을 눈여겨 보다

왜 '맛없는 대전'이라고 하는가?

2-01 술은 적게, 담배는 많이 피는 대전시민
2-02 대전의 밤(夜)을 살려야 한다
2-03 대전사이언스페스티벌, 과학이외 필요한 것
2-04 선점(先占)했지만 아쉬운 대전와인페스티벌
2-05 칼국수 한 그릇이면 끝인 칼국수축제
2-06 온천수에 삶은 달걀 하나 없는 유성온천축제
2-07 대동하늘공원의 또 다른 과세
2-08 유성오일장 이대로 끝인가
2-09 축제재단이 답(答)이다

제작 | 청담공방

술은 적게 먹고, 담배는 많이 피는 대전시민

 2017~2018년까지 2년 사이 대전 시내에서 문을 닫은 식당은 무려 1200여 개나 된다. 하루에 2개 꼴로 문을 닫은 셈이다.
 2018년 기준으로 대전 시내 일반음식점 수는 1만9224개. 2016년 말 2만488개에 비해 무려 1264개나 줄었다. 이 통계는 신규 개업과 폐업 수를 합산한 것이어서 실제로 문을 닫은 식당은 이보다 훨씬 많다. 즉 두 집이 문을 닫고 한 집이 문을 새로 열면 폐업한 식당은 1개로 집계된다.
 2년 사이 문을 닫아야만 했던 1264개 식당 자영업자의 절망과 고통, 그리고 어두운 이야기는 이러한 통계산출 방법 때문에 파묻히고 만다. 있는 재산, 없는 재산 모두 쏟아 붓고 부호의 꿈을 안고 개업한 식당인데 왜 그들은 문을 닫을 수밖에 없었던 것인가. 당사자 아니고는 좀처럼 알아 낼 방도가 없다.
 이 기간 유흥주점과 단란주점도 급격한 감소세를 보였다.
 이처럼 대전 시내 식당들이 잇달아 문을 닫은 것은 여러 요인이 있지만 장기적인 경기 침체로 인한 소비지출의 감소, 최저임금 인상과 임대료 상승 등에 따른 인건비 및 고정비 부담 등으로 적자 식당이 속출한 것이 주된 원인일 것이다. 게다가 주 5일 근무제 및 주 52시간 근무제 등에 따른 직장인들의 패턴 변화는 '술을 덜 먹는 사회'로 이어졌다. 2010년대 중반부터 '미투' 이슈가 사회 전반에 확산되면서 '직장 내 회식 안하는 분위기'도 한 요인이라 할 수 있다.
 이 같은 변화는 영세 자영업자들의 붕괴로 이어졌다. 이를 개인의 능력부재로 보는 것은 매우 경계해야 할 시각이다. 관련 당국이 이들에 대한 지원책을 효과적으로 제대로 추진했는지 점검해봐야 한다.

외식이나 술을 더하는 대신 대전시민들은 타 시도에 비해 담배는 많이 피우는 것으로 나타났다.

대전시가 2019년 8월부터 10월까지 건양대병원과 공동으로 19세 이상 대전시민 4575명을 1대1 면접으로 조사한 결과 흡연율은 22.7%로 전국 평균(21.7%)보다 높게 나타났다. 반면 월간 음주율(조사 시점을 기준으로 1년 동안 한 달에 1회 이상 음주한 사람 비율)은 57.8%로 전국 평균(58.4%)보다 낮게 나타났다.

반면 충남의 경우 흡연율은 23.9%, 월간 음주율은 62.9%로 둘 다 전국 평균보다 높았다. 이는 농촌 지역이 많고 평균 연령이 타 시도에 비해 높은 데 따른 것으로 보인다.

술은 덜 먹고, 담배는 많이 피는 이유에 대해 이렇다 할 분석은 제시되지 않았다. 하지만 술자리를 덜 하고 소통보다는 혼자 해결하려는 지역민들의 보편적인 정서가 작용한 것은 아닌지 생각해본다. 적당한 술자리는 소통과 화합을 위해 꼭 필요한 계기라고 본다. '충청도 사람들은 앞에서 얘기하는 것보다 뒤에서 말하는 것을 더욱 좋아한다'는 이야기를 예전부터 들어왔다. 이러한 요인도 작용한 건 아닐까.

술 권하는 사회가 그래도 좋다..

대전의 밤(夜)을 살려야 한다

"똑같은 예산, 똑같은 이름으로 진행되는 행사인데 지역마다 왜 이렇게 차이가 나는지…."

2018년 10월 18일 오후. 대전 중구 중교로 '2018 대전문화재 야행—대전블루스' 행사장을 찾은 관광분야의 한 전문가가 긴 한숨을 내쉬었다. 대전시가 문화재청으로부터 2억5000만 원의 예산을 지원받아 개최한 문화재 야행프로그램은 '문화재를 활용한 야간 관광&투어'라는 취지와는 달리 무대공연 중심으로 진행되고 있었다.

그는 전날 밤 전남 여수에서 열린 같은 프로그램을 보고 온 상태. 그는 "문화재청의 문화재 야행 프로그램은 문화재를 투어하고 이를 관광 상품으로 승화시키자는 취지"라며 "대전은 축제인 것처럼 착각하고 있는 것 같다"고 지적했다.

대전 중구 중교 인근에는 행사가 끝나기도 전에 문화재 야행을 알리는 입간판이 쓰레기처럼 나뒹굴고 있었고, 일부 행사는 주변 상인들과의 마찰로 취소되기도 했다. 매 시간 30분에 출발하는 야행버스도 사전에 탑승 정보가 제대로 전달되지 않았다. 야행 버스 안에서 일하는 아르바이트생들 조차 "야행이 뭔 줄 아느냐"는 질문에 "처음 들어봤다. 모른다"고 답했다.

'야행(夜行)'이란 활동이 적어지는 야간을 활용해 사람의 활동성도 높이고 다양한 프로그램으로 소비를 촉진시키자는 취지며 원래는 외국에서 시작된 프로그램이다.

덴마크 코펜하겐은 '컬쳐나잇(Culture Night)'이라는 프로그램으로 세계적인 명성을 얻었다. 코펜하겐은 행사 기간에 박물관, 미술관, 서점, 상가 등의 운영을 밤 늦게까지 운영하고 도시에 활력을 불어 넣었다.

필자는 2014년 8월 코펜하겐 컬처나이트 총감독인 메리 미체즈키(Marie Myschetzky) 씨를 한국에서 만날 일이 있었다. 당시만 해도 코펜하겐 행사는 100만 달러 이상의 예산을 들여 진행해 전 세계의 주목을 받았다. 참가자들은 20달러의 비용으로 코펜하겐에서 진행되는 6~7가지의 야간 프로그램에 참여할 수 있다. 특히 행사 예산을 정부에 의존하지 않고 스폰서쉽 등으로 자체 조달할 정도로 정착돼 있다.

싱가포르 마린베이호텔 근처에 가든스바이더베이(Gardens by the Bay)라는 테마국가정원을 조성했다. 싱가폴은 특히 이 정원에 조명과 이벤트 등 다양한 야간 프로그램을 도입해 연간 1000만 명 이상의 관광객을 추가로 유치하는데 성공했다. 호텔과 정원의 융합을 야간이라는 프로그램으로 접목시킨 결과다.

2019년 6월 현지를 방문했을 때 정원 슈퍼트리에서 펼쳐진 야간 LED쇼는 방문객을 몰입시키기에 충분했다. 정원 책임자 둥기 씨와도 인연을 이어가고 있다.

'야행'이란 이처럼 한 도시를 역동적으로 변모시키는 역할을 하고 있다. 특히 야행프로그램이 원도심이나 침체된 도시에서 진행될 경우에는 지역 활성화에 크게 기여한다.

야행이 국내에 처음 도입된 것은 2016년이다. 세계축제협회 아시아지부(IFEA ASIA) 회장이자 배재대 관광축제대학원장인 정강환 교수에 의해서이다. 그는 1992년부터 도시재생 및 야간경제 활성화를 위해 야행과 같은 행사의 국내 개최를 줄기차게 주장해왔다. 하지만 정작 이를 주도적으로 추진해야 할 중앙정부와 지방자치단체에서는 그 효과에 대해 인식조차 못하다가 2016년 문화재청이 이를 수용, '문화재를 활용한 야행'이라는 프로그램을 처음 서울 정동에서 시행하게 됐다. 이후 2019년까지 전국의 20여개 도시에서 이를 진행했고 25개의 크고 작은 사업으로 229만 5000여 명이 행사에 참가했다.

또한 축제로 인한 지역경제 파급효과는 2018년 1246억원에 달한다는 조사결과가 발표되기도 했다.

이러한 야행 프로그램은 전 세계로 확산돼가는 추세다.
중국의 문화여유부 산하 중국관광연구원은 안휘성(安徽省) 우후시(芙湖市) 인민정부 등과 공동으로 2019년 11월15~17일까지 우후시에서 '2019 중국야간경제포럼'을 개최했다.

'야간경제-새로운 생활, 새로운 동력발전'이라는 주제로 열린 포럼은 중국 문화관광부가 승인한 정부급 행사. 특히 시진핑(習近平) 주석과 중국 정부가 국내 관광산업에 활력을 불어넣기 위해 '야간경제'를 직접 언급하고 국무원판공청이 '문화와 관광잠재력 활성화 방안', '야간 문화와 관광경제의 발전 전략' 등 다양한 보고서가 발표된 뒤 열린 첫 포럼으로 중국 40여 개 성시(省市) 및 자치구, 재계, 각계 전문가, 국영인 CCTV와 인민일보 등 언론사 대표 400여 명이 참석해 높은 관심을 보였다.

2019. 중국야간경제 포럼

기조발표에 나선 다이빈(戴斌) 중국관광연구원장은 "야간경제를 발전시키는 것은 도시 발전과 새로운 성장 동력을 위한 시대적 요구"라며 "문화와 관광, 과학기술 등 많은 자원을 야간에 투입해야 한다"고 했다.
중국 정부가 야간경제 활성화를 위해 야간관광을 들고 나온 것은 이 같은 맥락에서다. 중국 정부는 이미 야간 관광 활성화를 위해 전국 관광지의 야간 개장을 늘리고 도심의 상업시설 야간영업도 적극 장려하고 있다.

포럼에서 중국관광연구원은 '관광객에게 가장 인기 있는 10대 야간도시', '관광객에게 가장 인기 있는 10대 야시장' 등을 선정해 시상하기도 했다.

국내 다른 도시에서도 야간경제 활성화를 위해 야간 관광이나 축제에서 해법을 찾고 있다.

2018년 대전과 비슷한 시기에 열린 전남 여수 야행 프로그램은 대전과는 또 달랐다. 여수시는 충무공 이순신 장군의 삶과 여정을 담겠다는 취지로, 진남관 등 문화재를 배경으로 체험, 공연, 전시 등으로 야행 프로그램을 꾸몄다. 특히 방문객들에게 여수의 문화재를 단순 관람공간이 아닌 복합 문화예술공간으로 체험토록 하겠다는 목표 아래 진남관 스페셜 투어, 이순신 스탬프 투어, 좌수영 수군 야간 출정식, 문화재를 배경으로 이뤄진 무용, 국악, 버스킹, 클래식 문화 공연을 펼쳐 호평을 받았다.

비슷한 시기에 열린 충남 공주 야행도 좋은 평가를 받았다.

공주시내를 흐르는 제민천변에 '청사초롱로드'를 조성하고 방문객들을 기독교 박물관인 공주제일교회, 충남역사박물관, 반죽동 당간지주, 역사영상관, 중동성당, 풀꽃문학관 등을 돌아볼 수 있도록 유도했다. 명소마다 다양한 공연을 마련하고 방문객들이 해당 명소에서 도장을 받아올 경우 기념품을 제공하기도 했다. 역사영상관 정원에서는 백제차전통예절원(원장 이효천)과 이 원장의 제자 김애란 KBS대전총국 문화사업국장이 달빛찻자리를 마련해 관광객들에게 전통차를 체험토록 했다.

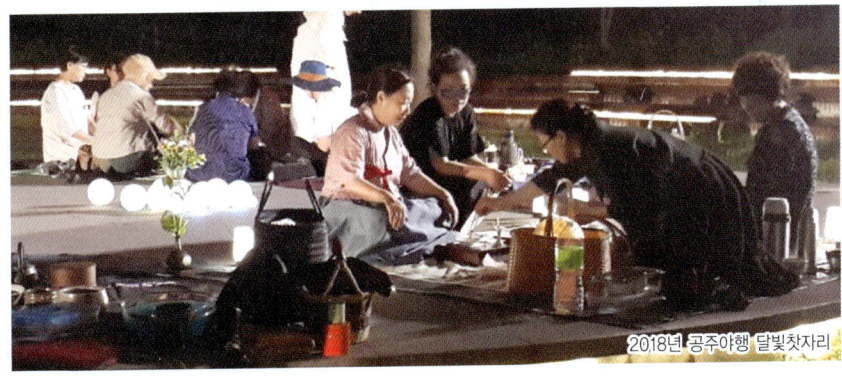

2018년 공주야행 달빛찻자리

문화재청은 야행 도시를 선정해 적게는 수 천 만 원에서 많게는 수 억 원까지 지원하고 있다. 선정기준은 외부 관광객 점유 비율, 문화재 부각효과 및 가치상승, 야행 콘텐츠 개발 및 만족도, 지역활성화 도모, 방문객 평균 소비 지출 등으로 이를 평가해 차기 년도 선정 여부에 반영하고 있다.

첫 시행 년도인 2016년에는 전국 9개 시도 10개 시군구에 30억 원을 지원한 데 이어 2019년에는 27개 시군구로 늘렸다. 2020년에는 전국의 36개 시군구에 무려 50억 원을 지원하기로 했다.〈표 참고〉

문화재청의 '2020 문화재 야행 지원 대상 목록 및 지원액'에 의하면 충남은 공주, 논산, 부여, 홍성 등 4곳이, 전북은 군산, 익산, 남원, 김제, 고창 등 5곳이 선정됐다. 전남도 역시 5곳, 경북과 경남은 각각 2, 3곳이 선정됐다. 하지만 전국 특 광역시 가운데 야행도시로 선정되지 못한 곳은 공업도시인 울산광역시를 제외하곤 유일하게 대전뿐이다. 2019년에도 역시 대전은 선정되지 못했다.

무슨 이유 때문일까?
이는 관련 부서의 독자적인 준비, 외부전문가 의견을 소홀히 했기 때문으로 보인다.
대전시의 경우 매년 문화재 야행 공모에 신청은 하고 있으나 관련 부서가 축제나 관광, 음식 등 다양한 분야의 전문가 의견을 청취하는 데 소홀히 하고 있다. 자신들만의 머릿속에서 짜낸 결과물로 응모하는 한계를 드러내고 있는 것이다.
2018년 대전 문화재 야행의 경우 야시장을 알리는 X보드 안내판이 써 먹어보기도 전에 쓰레기장에 방치됐다. 이는 사전에 행사장 주변의 상인들과 충분한 논의를 거치지 않았기 때문이다. 각종 음식점 등이 밀집한 거리에서 타 시도에서 진행된 거리 노점상을 조성하겠다는 발상이 과연 현지 상인들로부터 호응을 받을 수 있겠는가.
전남 순천과 여수, 전북 군산지역의 경우 상가와 적당히 떨어진 골목골목에 추억을 소환할 수 있는 먹을거리를 배치한 사례를 안 본 것인지, 못 본 것인지 묻지 않을 수 없다.

2020 문화재 야행 지원 시군구 및 사업명

시도	시군구	사업명
서울	서울시	정동야행
	성북구	성 밖 마을 이야기-피란의 역사를 품고 희망의 밤을 누비다-
부산	부산시	피란수도 부산 문화재 야행
대구	중구	근대로의 여행
광주	동구	동구 달빛걸음
대전		없음
인천	중구	개항장 문화재 야행(컬쳐나잇)
	강화	강화문화재 야행
경기	수원	수원 문화재 야행
	양주	일곱빛깔 양주목, 조선夜행
	오산	도시를 깨우는 비사랑-독산야행, 그리고 힐링
강원	원주	강원 감영의 풍류 달밤 야행
	강릉	다시 깨어나는 천년의 관아, 강릉대도호부
충북	청주	청주 문화재 야행
	옥천	옥천 문화재 야행
충남	공주	근대, 자세히 보아야 더 예쁘다
	논산	타임머신 타고 시간여행
	부여	부여 문화재 야행
	홍성	홍성 문화재 야행
전북	전주	전주 문화재 야행
	군산	여름밤, 근대문화유산의 빛의 거리를 걷다
	익산	익산 문화재 야행
	남원	문화재 야행 광한루의 밤풍경
	김제	징게맹갱, 방아실 가자~!
	고창	고창 야행
전남	여수	전라좌수영에서 여수의 문화재를 배우다
	순천	소강남 순천
	나주	금성별곡, '별里,별里,달里성'
	보성	보성 문화재 야행
	목포	목포 문화재 야행
경북	경주	셔블밝긔다래 밤드리 노닐다가!
	안동	월영야행(달빛아래 사랑이야기)
	고령	고령 대가야 문화재 야행(고분에 걸린 달빛소리)
경남	통영	신임통제사도임연회(新任統制使到任宴會)-통제공납시오~!
	김해	오래된 미래-가야에서 김해까지
	밀양	밀양도호부 풍월에 젖다
제주	제주도	서귀포 문화재 야행

자료제공 : 문화재청

대전 사이언스페스티벌, 과학이외 필요한 것

2016년 여름쯤, 당시 권선택 대전시장이 대전사이언스페스티벌 자문회의에 참석한 필자에게 이런 질문을 건넸다. "대전사이언스 페스티벌은 10억 원 이상 예산을 들인 대전에서 가장 큰 축제인데 왜 사람들이 금방 축제장을 떠나는 것이지? 오래 머물지 않고"

몇 년째 사이언스페스티벌 자문위원을 지내면서 이 축제를 지켜본데다 문제점을 나름대로 고민하고 있던 터라 권 전 시장의 질문에 금방 답변할 수 있었다.

"배고파서 떠나는 겁니다."

이 같은 답변을 할 수 있었던 것은 이게 답이다.

페스티벌이 열리는 대전 엑스포남문광장은 공원지역이어서 축제 등 많은 사람들이 찾는 이벤트 기간에라도 이들의 식사문제를 해결해 줄 임시식당 등을 조성할 수 없어서 아무리 공적인 행사라 하더라도 이 같은 준칙은 지켜져야만 하는 것을 알고 있었기 때문이다.

따라서 대전시는 축제 때마다 길게는 1킬로미터까지 떨어진 엑스포다리 건너편인 한빛탑 주변에 식당가를 조성하는 선에서 방문객 먹거리 문제를 해결해 왔다. 축제 기획자들은 사이언스페스티벌 때에는 과학을 테마로 한 전시와 체험 공간만 제대로 조성하면 축제가 성공할 줄 알았던 것이다.

하지만 이런 판단은 오류다.

축제 공급자가 아닌 수요자, 즉 방문객의 입장에서 생각해보자. 대개 축제장 개장 시간은 오전 10시다. 예를 들어 초등학생 자녀를 데리고 페스티벌 현장을 방문한 학부모의 생각이라면 각종 체험 부스에 가더라도 사람들이 몰려 있어 불가피하게 기다려야 한다. 설령 1, 2개 부스에서 체험을 하거나 관람을 마쳤더라도 금방 점심시간이 다가온다. 막상 점심을 먹으려 하니 축제장에는 식당이 없다. 어쩔 수 없이 엑스포다리를 건너 한빛탑까지 가거나 인근 만년동 또는 둔산동에서 식사를 해결해야 한다. 그리고 다시 20~30분을 걸어서 사이언스페스티벌 현장에 돌아와야 한다. 과연 그만큼 사이언스페스티벌이 매력적인 행사인가? 학교에서 의무적으로 체험부스에 참가해 이를 인증하는 스티커를 받거나 인증샷이 필요한 상황이 아니라면 집으로 그냥 돌아갈 것이다.

 축제에 있어서 먹거리는 매우 중요한 문제다. 축제 성격을 반영한 음식은 아니더라도 적어도 방문객, 축제 참여자 등이 제때 불편 없이 식사할 수 있는 공간이 필요하다. 관람이나 체험도 '식후경(食後景)'이다.
 국내외 성공적인 축제들도 이런 문제를 해결하기 위해 많은 고민을 해왔고 다양한 대책을 내놓고 있다. 외국 테마파크의 경우 곳곳에 식당가가 조성돼 있으며 100만 명 이상 참가하는 국내 대규모 축제인 진주남강유등축제, 화천산천어축제, 김제지평선축제 등도 음식문제를 매우 중요하게 여기고 있다.
 미국 워싱턴 스테이트페어와 같은 대규모 농업축제에서는 제철을 맞은 지역 로컬푸드를 활용한 식음료 판매부스 조성으로 축제기간 동안 매년 20억 원의 매출을 기록하고 있으며 이 수익금으로 축제를 운영하기도 한다.

필자는 대전시 관계자를 비롯해 대덕특구 내 정부출연기관, 대덕특구연구개발지원본부, 대전시교육청, 관광축제전문가 등이 참가하는 대전사이언스페스티벌 자문위원회 때마다 이 같은 먹거리의 중요성을 수차례 강조한 바 있다. 더 나아가 축제의 성격이 과학을 기반으로 하고 있다는 점을 감안, 음식과 과학의 연관성을 살려 '음식 속에 숨어 있는 과학이야기' 콘텐츠로 먹거리 촌을 조성해야 한다고 주장했다.

특히 대전의 경우 우송대, 우송정보대, 대전보건대, 대전과기대, 대덕대, 배재대 등 외식조리 관련 학과가 개설된 대학이 무려 6개로 전국에서 가장 많다는 점을 제시하며 과학과 음식, 청년셰프와의 융합을 통한 사이언스페스티벌 푸드존 조성을 제안해왔다.

이에 따라 사이언스페스티벌 때 음식에 과학이야기를 접목해 방문객들에게 흥미와 함께 과학에 대한 이해도를 높이는 기회가 마련됐다.

2016년 10월 22일 개막해 25일까지 열린 사이언스페스티벌 때 분자요리체험관을 운영하게 된 것이다. 22일 개막 첫날부터 '과학을 만난 요리' 부스에는 남녀노소 구별 없이 줄을 길게 늘어섰으며 일요일인 23일에는 1000여 명이 과학을 만난 음식의 기묘한 변화에 탄성을 지르며 환호했다.

부스 운영자는 당시 대전의 이태리레스토랑 '엘마노'를 운영했던 최상현 셰프. 2014년 설립된 사단법인 한국음식문화진흥연구원의 이사이기도 한 최 셰프는 어렵게만 느껴졌던 물리와 화학을 음식으로 풀어냈다. 그는 과일 맛 캐비어, 망고 노른자, 공기 인절미, 물방울 떡, 수비드 계란, 질소·구슬 아이스크림, 구름 과자 등을 만들어 냈다.

부스 체험 참가자들은 해초에서 추출한 알긴산을 이용해 염화칼슘과 소금물에 담가 칠갑상어알처럼 생긴 캐비어를 만드는 시범을 지켜본 뒤 직접 체험해보기도 했다. 스낵을 영하 195도의 액화질소에 담가 순식간에 아이스크림처럼 변화하는 과정을 지켜본 관객들은 직접 맛을 보며 호기심을 감추지 못했다. 이밖에 구슬아이스크림을 직접 만들어 보기도 했다.

참가자들은 "마술처럼 변하는 과일이나 주스 등을 보며 깜짝 놀랐다. 이게 바로 물리와 화학이라니 과학을 이해하기 좋았다"는 반응이었다.

설탕을 130도의 열을 가해 회전시켜 실처럼 만드는 솜사탕이나 뻥튀기도 모두 과학의 원리다.

2017년 사이언스페스티벌 기간에도 비슷한 행사가 열렸다. 이 기간에 개최된 '청춘예찬프라자'는 이러한 논의와 필요성에 의해 준비된 것이다. 청춘예찬의 '예찬(藝餐)'은 예술과 만찬의 합성어로 축제 명칭 때문에 고민하던 필자의 딸인 이지은(단국대 무용학과 재학 중)이 지어준 이름이다.

청춘예찬프라자 행사는 사이언스페스티벌 기간에 대전엑스포다리와 행사장 사이 공간을 활용해 20여 대의 푸드트럭을 입점시키는 형태로 진행됐다. 또 대전지역 청년공방에서 만들어진 각종 예술품을 전시 판매해 다양성을 높였다. 특히 분지요리 강좌 등과 함께 다양한 공연도 마련했다.

청춘예찬프라자가 열린 곳은 사이언스페스티벌 행사장과 불과 100m밖에 떨어져 있지 않아 축제와의 연계성이 높아졌다. 사이언스페스티벌을 찾은 방문객은 자연스럽고 손쉽게 청춘예찬프라자 행사장까지 찾아와 식사를 해결할 수 있었다.

선점(先占) 했지만 아쉬운 대전와인페스티벌

대전이 선점했으면서도 '선점(先占)' 효과를 제대로 살리지 못한 게 몇 가지 있다. 그 중 하나가 바로 대전국제와인페스티벌이다.

대전국제와인페스티벌은 2013년에 개최된 대전 국제푸드&와인페스티벌이 단초가 됐다. 첫 행사는 대전와인트로피 형태로 진행됐다. 와인경진대회의 일종으로 '와인 품평회'라고도 할 수 있다. 각 국에서 생산된 와인을 전문가들의 심사를 거쳐 금상, 은상, 동상을 결정한다. 이름 없는 와인이 '스타 와인'에 오르기도 하고, 또 대회 개최지는 행사를 성공시키면 엄청난 수익과 함께 지역을 알릴 수도 있다.

2013년 행사는 9월 29일부터 10월 1일까지 사흘간 열렸다. 주관은 대전마케팅공사와 독일 와인마케팅유한회사가 공동으로 했는데, 참가 와인 등록은 독일 측에서 맡았다.

이 대회에는 유럽과 미주 아시아 등 전 세계 와이너리에서 2500여 종의 와인을 출품했다. 공동 주관사인 독일 유한회사는 세계 5대 와인품평회 중 하나인 베를린 와인트로피도 주관해 대전행사도 어느 해보다 많은 품종을 만날 수 있었다. 이 회사는 1994년 베를린에서 개최된 와인박람회의 부대 행사 중 하나로 대회를 시작해 매년 2회씩 이 대회를 열고 있다. 2010년 이후에는 7500종의 와인이 참가해 왔다. 특히 출품비만도 1종에 135유로(20만 원)여서 출품비 수입만도 15억 원에 이르고, 대회도 국제와인기구(OIV)의 엄격한 승인과 감독을 받는다.

입상한 와인은 '베를린 와인트로피 금상(또는 은상, 동상)' 등의 메달(상표)이 병마다 부착되고 병당 메달 사용료(10~15원) 또한 유한회사 측의 수입이 된다.

당시 대회의 출품비와 메달 사용료는 공동 주관사인 대전마케팅공사와 독일 유한회사가 나눠 갖기로 했다. 출품 와인 중 최대 30%까지 시상할 수 있어 최소 750종이 '대전와인트로피 금상 또는 은상, 동상' 이라는 이름의 상표가 부착돼 유포된다. 1종당 1만 병만 소비된다 해도 7500만~1억 병의 와인이 전 세계에 '대전트로피' 라는 이름으로 유통되는 것이다.

하지만 첫 대회 후 6년이 지난 현재 '대전국제와인페스티벌' 은 당초 기대했던 것보다 명성도, 수익도, 시민 및 전문가 참여도, 도시 브랜드를 향상시키는 데에도 기대에 못 미쳤다는 평가를 받고 있다.

첫 대회를 주관한 독일 유한회사 측은 대회 주제를 'gate to Asia' 라고 정했다. 대전을 중국 및 일본 등으로의 와인 진출의 교두보로 삼겠다는 전략이었다.

실제 아시아에서의 와인 시장은 갈수록 확대되는 추세다. 홍콩와인박람회의 경우 홍콩 정부가 관세를 철폐하고 대규모 박람회를 열어 아시아의 와인 유통 중심지로 부상시키려는 노력을 했다.

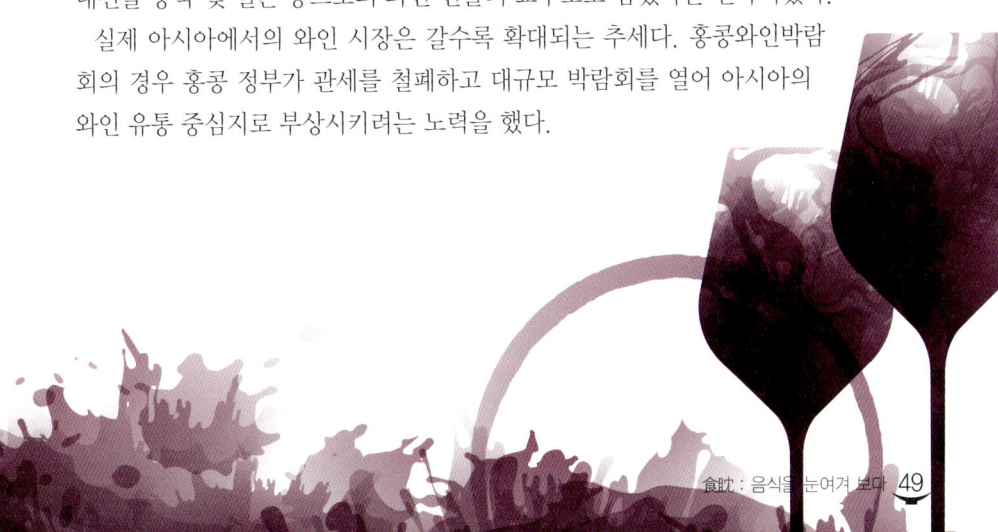

중국은 최근 외국 와인 수입에 대한 규제는 강화하되 거대 자본을 앞세워 유럽 와이너리를 통째로 사들이는 추세다. 국내 시장이 급격하게 확대될 것에 대한 대비책이다. 따라서 독일 측에서 대전 국제푸드&와인페스티벌을 아시아 시장 진출의 기회로 삼으려 한 것은 당연한 전략인지도 모른다.

또한 그 당시 국내에서 국제적 와인품평회를 갖는 것은 대전이 처음이었다. 충북 영동, 경북 영천, 전북 무주 등 그나마 국내 와인생산 지역이 대전에 비해 교통과 숙박 등의 여건이 적절치 않아 대전이 대회를 개최하기에는 훨씬 좋은 여건이었다. 서울에서도 와인박람회를 연 적은 있지만 와인품평회를 연 적은 없었다.

현재 개최되고 있는 세계적인 와인트로피가 대부분 포도 산지보다는 포도 생산과 상관없는 대규모 유통도시에서 열리는 것을 감안할 때 대전행사는 명분이 있었다. 당시 대회(와인트로피)의 심사위원만도 무려 120명. 이 중 국제 심사위원이 50% 이상 참가해야 결과(수상결과)가 인정될 정도로 권위를 지닌 행사였다.

2019년 행사는 8월23~25일까지 사흘간 대전컨벤션센터에서 '2019 대전국제와인페스티벌'이라는 이름으로 열렸다. 이전까지만 해도 행사 이벤트 중심의 '페스티벌'이라는 이름 대신 박람회 성격이 강한 '와인 페어(fair)'라는 이름으로 개최됐다. 하지만 와인전문가들만이 펼치는 '그들만의 잔치'가 아닌 일반 시민들의 참여를 확대해야 한다는 축제 개념이 도입되면서 '와인페스티벌'로 이름이 바뀌었다.

이에 따라 페어 부스는 2018년 210개에서 118개로 줄인 대신, 일반인들의 체험 부스는 10개에서 47개로 늘었다. 또 와인과 어울리는 다양한 음식을 체험할 수 있는 부스 및 쿠킹쇼, 판매도 확대했다. 방문객들이 1만 원의 입장료를 내고 와인 잔(3000원)을 현장에서 구입하면 다양한 와인을 시음할 수 있도록 했다. 와인병 라벨 읽는 법, 와인 기본 매너 등 와인을 잘 모르는 입문자를 대상으로 한 와인 클래스도 운영했다. 김용두 대전시 관광마케팅과장은 당시 축제에 앞서 "2019년 대전국제와인페스티벌을 페어 중심의 와인 전시회가 아니라 와인 문화를 즐길 수 있는 축제로 마련했다"고 밝혔다.

하지만 첫 개최한 6년이 지났지만 아직도 와인페스티벌은 정체성 논란에서 벗어나지 못하고 있다.

우선 와인과 관련한 행사임에도 불구하고 축제 성격과 어울리는 야간 프로그램이 없어서 큰 문제점으로 지적된다. 체류 관광객을 유인할 수 있는 방안이 부족한 것이 야간 프로그램은 숙박과 체류로 소비를 촉진시켜 도시에 그만큼 활력을 불어 넣을 수 있는데, 그럼에도 불구하고 술을 주제로 한 행사에 야간 프로그램이 없다는 것은 축제전문가들에게는 이해할 수 없는 대목이다.

뿐만 아니라 대전과 와인과의 연관성에 대한 논리 개발이 여전히 부족한 상태다. 정체성 논란을 불식시킬만한 스토리를 제대로 만들지 못한 것이다. 일부에서는 국내 와인 첫 생산지가 현재 서구 월평동 옛 롯데음료 터였다는 주장을 내세우기도 했고, 동구 판암동 일대가 옛 대규모 포도산지였다는 주장도 했으나 정체성을 의심하는 세력에게는 큰 설득력을 갖지 못했다. 홍콩과 싱가포르 등이 포도산지는 아니지만 와인 유통도시로 성장했다는 주장도 먹혀들지 않는다.

이러한 이유 때문에 2018년 총 9억 원이었던 대전국제와인페스티벌의 예산은 이듬해인 2019년에는 3억 원이 삭감된 6억 원만이 반영됐다. 그나마 예산의 대부분이 외국 와인관련 기구 및 단체, 전문가들을 초청하는 데 필요한 항공, 숙박비 등으로 활용됐다. 대전시민들을 비롯한 와인 저변층을 위한 대중 프로그램에는 1억 원도 채 배정되지 않았다.

다행히 '대전방문의 해'(2019~2022년)를 계기로 2020년 대전시의 관광분야 예산은 81억 원으로 2019년 54억 원에 비해 크게 늘었다. 토토즐(토요일 토요일은 즐거워) 페스티벌, 대전국제와인 페스티벌, 대전예술의전당 제작 및 기획공연 등의 사업이 모두 늘어난 것이다.

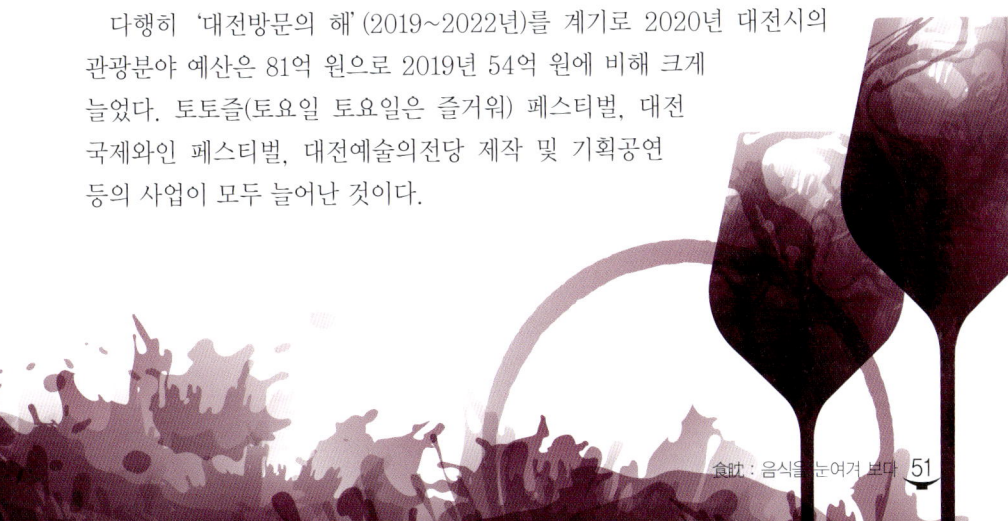

대전국제와인페스티벌 예산은 2019년 6억 원에서 2020년에는 10억 원으로 4억 원 늘었다. 또 행사 기간도 종전 3일에서 10일로 일주일이나 늘었다.

한선희 대전시 문화체육관광국장은 2019년 12월 9일 열린 대전시의회 예산결산특별위원회예산안 심의과정에서 "2019년 방문객 중 66%가 외지인이라는 빅데이터가 있다. 행사의 다양성을 높이고 더 많은 외지인 유치를 위해 행사기간을 늘렸다"고 밝혔다.

예산이 늘어난 만큼 관광객 유치와 방문객 만족도를 높이기 위한 매력적인 콘텐츠가 마련돼야 한다. 또 '와인이나 포도 없는 대전에서 웬 와인페스티벌'이라는 태생적인 정체성 논란도 불식시켜야 한다.

와인마니아, 와인전문가, 와인기관 및 단체 등 '그들만의 잔치'가 아닌 대전시민, 현장을 방문한 모든 사람들이 만족해하는 '우리 모두 즐기는 와인페스티벌'로 발전해야 한다.

이를 위해서는 대중 참여프로그램이 대폭 늘어나야 한다. 와인과 어울리는 음식의 전시·경연·체험·판매 등 관광객을 유인할 수 있는 음식관련 콘텐츠가 늘어나야 한다. 축제기간동안 '다리 위의 향연' 등의 프로그램으로 외지인을 유혹해야 한다. 대전지역 청년셰프들이 참여하는 '와인 콜라보 요리경연대회'도 개최해볼 만하다.

또 대전을 방문한 일반인들의 1박2일 또는 2박3일 체류를 위한 야간 프로그램의 신설이 절대적으로 필요하다. 와인도 술이다. 술은 낮보다 밤에 어울리지 않은가? 행사의 명칭을 '페어'가 아닌 '페스티벌'로 바꾼 이상 야간 프로그램을 통한 절제된 일탈을 유도하는 것도 괜찮다.

일본 니가타시 사케 자동판매기

이를 위해 일본의 사케 축제는 벤치마킹 할만하다.

일본 니가타(新潟)시 도키메세 컨벤션센터에서 열리는 일본 최대 술 축제인 사케노진(酒の陣)의 경우 200년이 넘는 역사를 자랑하는 독일 뮌헨의 맥주 축제 '옥토버페스트'를 벤치마킹해 2004년부터 열기 시작했다. 니가타현 90여 개 양조장 중 83곳이 매년 신제품을 중심으로 500여 종을 출시하는 데 입장객들은 2500엔(약 2만5000원)을 내고 다양한 사케를 마음껏 맛볼 수 있다. 도키메세 컨벤션센터에는 축제 전날부터 이부자리를 깔고 줄을 서는 진풍경도 연출된다.

특히 관심을 끄는 것은 500엔을 내면 자판기에서 다양한 사케 5종류를 먹을 수 있는 시스템을 갖추고 있다. 또 사케보다 이에 어울리는 안주가 많아 관광객의 관심을 높인다. 이 축제의 경우 민간참여가 기획 초기부터 반영되었다.

대전와인페스티벌도 민간중심의 추진위원회를 재구성해서 '들러리'가 아닌 '정책결정자'의 권한을 갖고 참여하는 것이 필요하다.

칼국수 한 그릇이면 끝인 칼국수축제

대전의 유일한 먹거리 축제는 대전 중구청이 중구문화원에 위탁해 매년 여는 칼국수축제다. 중구청은 관내에 유달리 칼국수 음식점이 많은 점을 살려 2013년 처음 칼국수축제를 개최했다. 중구는 당시 개최 배경에 대해 '원도심하면 떠오르는 음식이 칼국수이므로 이제는 칼국수를 단순한 먹거리가 아닌 우리 지역의 먹거리 문화로 만들어 보다 많이 보고, 즐기고, 체험할 수 있는 축제로 만들어가고자 한다'고 밝힌 바 있다.

축제 명칭도 처음에는 '칼국수(누들)문화축제'로 정했다가 나중에 '칼국수축제'라는 이름으로 바꿨다. 박용갑 중구청장은 "칼국수축제를 통해 침체된 지역에 활력을 불어 넣을 수 있는 기폭제가 돼 원도심 상권 활성화에 기여하고, 먹거리 문화수준을 한 단계 업그레이드 시켜 효 문화 중심도시 중구를 전국에 알리는 기반을 구축하고자 한다"고 밝혔다.

대전 중구는 칼국수의 천국이다. 중구 선화동과 대흥동 주변에 70~80개의 칼국수집이 밀집돼 있다. 칼국수 종류만도 멸치 육수로 만든 매운 칼국수, 사골로 고아 낸 구수한 칼국수, 오징어칼국수, 바지락칼국수, 김치칼국수, 두부탕칼국수, 어죽칼국수, 부추칼국수, 팥칼국수, 고추장칼국수, 장칼국수 등 30여

가지에 이른다. 1997년 국제통화기금(IMF)관리 체제 이후에도 '대전에서 칼국수 집을 내면 망하지는 않는다' 는 말이 나올 정도로 대전시민들은 칼국수를 유난히도 좋아한다.

대전 외식업계 등에 따르면 2019년 현재 대전시내 2만여 개 음식점 중에서 칼국수를 단일 메뉴로 판매하거나 메뉴에 포함된 음식점은 약 2000여 곳에 이를 것으로 추산했다. 전체 식당의 10%가 칼국수를 판매한다는 얘기다.

대전에 칼국수집이 유독 많은 이유에 대해선 여러 설이 있다. 주변에 밀 재배지가 많아서라는 설과, 한국전쟁 이후 밀려든 피난민 때문이라는 설도 있다. 즉 피난민들이 대전역 앞 시장에서 미국이 배급해 준 밀가루로 칼국수를 출신지역 취향대로 만들어 팔면서 크게 확산됐다는 설이다. 또한, 교통이 발달했던 대전에 구호물자로 하역된 밀가루가 타 지역에 제대로 공급되지 않아서 남은 밀가루로 칼국수를 만들어 먹었다는 설도 있다.

필자는 이 중 한국전쟁 후 구호물자인 밀가루가 부산항에 하역된 뒤 열차로 서울로 옮겨지는 과정에서 중간역인 대전역에서 충남 서부지역, 전북, 충북지역에 배급될 밀가루가 대선에 많이 진류했을 것이라는 설(說)을 믿는다. 특히 대전역과 주변에 이북뿐만 아니라 삼도(3道) 사람들이 정착하면서 자신들의 고향에서 만들어 먹던 방식대로 칼국수 요리를 만들면서 다양한 칼국수도 탄생했을 것으로 추정된다. 실제 대전의 대표브랜드인 성심당이 처음 빵을 만들기 시작한 것도 바로 전쟁 직후인 1956 대전역 앞이었다. 또 대전에서 가장 오래된 칼국수집인 신도칼국수가 첫 영업을 한 것도 1961년 바로 대전역 앞에서다.

아무튼 중구청이 칼국수축제를 개최하겠다는 발상은 면(麵) 요리인 지역전통음식을 살려 도심 활성화를 꾀하고 지역민 소득을 향상시키겠다는 점에서 높은 평가를 받을만 했다.
하지만 축제가 거듭되면서 기대했던 만큼 큰 성과를 거두지 못했다는 평가도 나오고 있다. 이는 축제를 '칼국수만 먹는 축제' 로 운영했기 때문이다. 무엇보다 콘텐츠 부족과 운영 방식이 문제였다.

최근 성공적인 축제를 들여다보면 체험 프로그램이 많다는 점이다. 문화체육관광부가 2019년 선정한 41개 '문화관광축제'의 면면을 보면 축제 프로그램 중 체험행사의 비중이 매우 높다.
　미국 CNN이 2011년 12월 '겨울철 7대 불가사의'(7 Wonders Of Winter) 중 여섯 번째로 소개한 강원 화천군의 산천어축제는 얼음을 깨고 산천어를 잡는 체험이 있다. 진주남강유등축제는 유등(流燈)에 소원 글을 써 남강으로 띄우는 체험이 있다. 보령머드축제 역시 온 몸에 머드를 바르는 일탈 체험이 있다. 대부분의 축제가 주제에 맞는 다양한 체험 프로그램을 마련해서 직접 체험한 추억을 오랫동안 간직하도록 해야 성공적인 축제라는 평가를 받는다.

　하지만 중구칼국수 축제는 오로지 칼국수를 먹는 일, 공연을 보는 일 외엔 달리 특별한 체험이 없다. 더욱이 10~12종류의 다양한 칼국수가 판매되지만 방문자는 음식부스 한 곳에서 한 종류의 칼국수를 먹으면 축제장에서 더 이상 체류할 이유가 없어진다. 그렇다고 점심에는 바지락칼국수, 저녁에는 오징어칼국수를 먹을 수는 없는 것 아닌가? 축제기간 내내 축제장에 머무는 관계자 조차 하루 두끼 칼국수만을 먹는 것은 고역이 아닐 수 없을 것이다.

　따라서 방문객들이 축제장을 방문해 직접 자신만의 레시피로 칼국수를 만들어 보는 체험을 하는 프로그램이 필요하다. 연인끼리 방문했다면 '남자친구가 만들어 주는 칼국수', 가족이 방문했다면 '아빠가 만들어주는 칼국수', 그리고 직장 동료들끼리 방문했다면 '상사가 만들어주는 칼국수'가 축제에 등장한다면 얼마나 근사할까.

누구나 일정한 비용만 내면 이용할 수 있는 셀프조리존을 조성해 맵거나 싱겁거나, 해물이거나, 육류이거나, 멸치육수이거나, 사골육수이거나, 채소이거나, 수제비이거나 자신의 취향대로 칼국수를 만들어 직접 먹어볼 수 있는 코너를 만들면 훌륭한 체험 프로그램이 될 것이다.

운영방식도 문제다.
2018년까지만 해도 방문자들은 축제장에서 오로지 공급자(중구지역 칼국수 판매업소)가 판매하는 한 가지 칼국수만을 먹을 수 밖에 없었다. 축제장에는 음식부스 한 곳에서 한 가지 메뉴만 판매하게 돼 있기 때문이다. 축제장에 이틀, 사흘 계속 머물지 않고서야 어찌 축제장에서 판매되는 또 다른 칼국수를 맛볼 수 있겠는가. 한 그릇 먹으면 배불러 두 손을 들게 마련이다.
중국칼국수축제추진위원을 맡고 있는 필자는 회의가 열릴 때마다 적은 분량의 '컵 칼국수' 판매를 줄기차게 주장한 바 있다. 축제장에서 판매되는 칼국수 한 그릇(5000원)을 세 등분으로 나눠 2000원씩에 판매한다고 치자. 그렇다면 축제장을 방문한 부부의 경우 한 부스에서 한 종류의 칼국수 두 그릇을 1만 원에 먹기보다는 같은 금액으로 각기 다른 컵 칼국수 5개 종류를 맛볼 수 있는 셈이 된다.
다양한 칼국수가 등장한 축제이니 다양한 칼국수를 먹어봐야 하지 않겠는가.

다행히 2019년 행사 때부터 중구청은 컵칼국수를 처음 등장시켰다. 다만 첫 시행인 만큼 하루에 일정 시간만 정해 이를 운영해 방문자들로부터 높은 호응을 받았다.
대전의 유일한 먹거리 축제인 칼국수축제가 '대전에 가면 반드시 칼국수는 먹어봐야 한다'는 호기심을 충족시켜 도시의 음식 브랜드 향상에 기여하길 고대한다. 그러기 위해서는 각각의 칼국수에 대한 스토리텔링도 중요하다. 또 '하찮고 싸구려 서민음식'이라는 과거 이미지를 탈피해, 아주 고급스럽고 손님 접대에 손색이 없는 품격 높은 '칼국수 정식'도 한번 검토해볼 필요가 있다.
초계국수 한 그릇에 2만 원 하는 식당이 있다. 물론 다른 음식까지 포함한 정식이지만 메인은 국수다. 이처럼 칼국수를 메인으로 하는 정식이 만들어지길 기대한다.

온천수에 삶은 달걀 하나 없는 유성온천축제

"축제에 노래 한 두곡 부르는 가수 초청에 8000만 원을 쓰다뇨…", "구청장이 인사하지, 구의회 의장이 인사하지, 그리고 외부 초청 인사도 인사하지…, 도대체 축제는 언제 하는 겁니까?"

좀 오래된 이야기이긴 하지만 2013년 대전 유성온천문화축제 때 이런 볼멘 소리가 많았다. 당시 유성온천문화축제는 정부의 예산 지원이 전혀 없는데도 행사 예산규모는 8억 원(본예산) 정도였다.

축제에서 조선 태조가 유성온천에 '온행'(溫行)하는 어가행렬을 재연한 것은 그나마 볼만했다는 평가를 받았다. 또 행사 콘텐츠 중 하나로 온천과 건강을 활용, 의료관광 프로그램을 도입한 것 역시 지역개발형 축제로 전환하려는 바람직한 시도로 평가됐다. 하지만 축제 때 늘 지적됐던 것처럼 연예인 초청을 위해 전체 예산의 10%를 쓰는 것은 낭비라는 지적이 많았다.

유성온천문화축제가 30회를 훌쩍 넘겼지만 여전히 '경쟁력 없는 집안 행사'라는 전문가들의 부정적 평가가 계속되고 있다. 겉으로는 온천수를 테마로 힐링과 즐거움을 표방했지만 행사장에는 온천 테마는 찾아볼 수 없고 먹거리 장터가 대세를 이루고 있다. 유성구는 축제가 끝나면 '00만명이 방문해 지난해보다 몇 % 늘었다'고 발표하기에 급급했다. 축제가 진행되는 동안 나타난 각종 문제점에 대한 자아 반성과 자기 평가는 온데 간 데 없다. 구청의 '입맛'에 맞는 왜곡된 종합평가결과보고서, 오로지 방문자 숫자 늘리기에만 급급한 공직자의 이해관계가 맞아 떨어져 축제 발전은 더욱 더디기만 하다.

1000년 이상 역사와 전통을 지닌 유성온천의 특성을 온전히 살리고 축제가 가져다주는 성과를 극대화하기 위해선 무엇보다 축제를 기획할 때 온천이라는 콘텐츠에 철저하게 충실해야 한다.
하지만 축제장에 가면 온천을 테마로 한 프로그램은 거의 찾아볼 수 없다. 어가행렬, 온천수신제, 그리고 물을 뿌리며 진행하는 EDM파티, 기존 족욕탕을 활용한 족욕체험이 전부다. 예년에 진행됐던 각 온천탕마다의 테마탕 운영도 어느 순간 사라졌다.
반면 축제 메인 거리인 유성구 온천로 계룡스파텔 주변 거리는 온갖 먹거리 장터가 판을 치고 있다. 메뉴도 늘 얘기해왔듯 '동파오육 순잔소리'다. 동네 아주머니들이 파전, 오뎅(어묵), 육개장, 순대국밥, 잔치국수, 소머리국밥, 막걸리 등을 판매한다. 전국 어느 축제장에서나 볼 수 있는 판박이 메뉴를 파는 데 정신이 없다.

하다못해 일본 온천여행지에 가면 흔히 볼 수 있는 온천수로 삶아낸 달걀하나 없는 게 바로 유성온천축제다. 이를테면 육개장을 판매하더라도 '온천수(물론 정화를 해야겠지만) 육개장', '온천수 소머리국밥', '유황 향이 깃든 닭 꼬치' 등 유성온천 및 축제에 걸 맞는 그럴듯한 메뉴 등장이 아쉬울 뿐이다.
그나마 판매되는 음식도 음식의 양에 비해 가격이 비싸고 위생은 물론 서비스도 엉망이라는 지적이 많다. 흐늘흐늘한 스티로폼 접시에 아무렇게 담아낸 육개장, 온갖 탄 음식이 수북이 쌓여 있는 불판 옆에서 구워지는 파전, 임시 주방 뒤편에는 음식쓰레기가 냄새를 풍기는 광경이 매년 목격됐다. 온천이라는 휴식과 힐링은 전혀 찾아볼 수 없다.

축제장에서 운영되는 음식부스 관리방식에도 문제가 있다.

유성온천문화축제의 경우 매년 늘어나는 관광객 수에 맞춰 음식부스 매출액도 늘어나는 추세이지만 매출액에 대한 조사나 분석은 전혀 이뤄지지 않고 있다. 또 축제장 전체 면적에서 음식부스가 차지하는 비중과 개수가 높아 온천문화축제가 아닌 시장 장터를 연상케 한다. 온천관광특구라는 지역 이미지가 크게 훼손돼 오히려 축제를 하지 않는 게 낫다는 이야기도 나온다.

축제 개최시기도 재검토해볼 필요가 있다.

유성온천축제가 열리는 시기는 매년 5월. 이때쯤이면 전국에서 300~400여개의 크고 작은 축제가 열린다. 대전 충남에서만도 로하스축제(대덕구), 서구힐링아트페스티벌(서구), 구석기축제(공주), 계족산맨발축제(대전), 류방택별축제(서산), 천안판페스티벌, 서산갯마을축제, 청바지페스티벌(천안), 한진바지락축제(당진), 신진도꽃게수산물축제(태안), 자연산광어도미축제(서천), 꼴갑축제(서천) 등이 이 기간에 열린다. 과연 유성온천축제가 충청권에서 비슷한 기간에 열리는 다른 축제보다 더욱 매력적이고, 꼭 가보고 싶고, 경쟁력이 있는 축제인지는 생각해볼 필요가 있다.

게다가 5월은 어린이날, 어버이날, 스승의 날, 부부의 날은 물론이고 각 학교 동문회 등의 행사가 밀집한 시기여서 사람들을 축제장으로 외지 관광객을 유입시키기란 그리 쉬운 일이 아니다.

따라서 필자는 허태정 대전시장이 유성구청장(2010~2018년)으로 재직할 때 몇 차례에 걸쳐 온천축제의 개선방안을 얘기한 적이 있다. 그 중 하나가 축제 주제에 부합하는 음식 부스 개선과 함께 축제 개최시기를 봄에서 겨울로 옮길 것을 권고한 바 있다. 온천축제를 겨울에 개최할 경우 축제 성수기를 피해 방문객 유치에 이로울뿐만 아니라 '따스함과 힐링'이라는 온천의 주제와도 부합될 것이라는 판단에서다. 관광비수기에 전략만 제대로 세워 추진할 경우 한반도 북부는 강원 화천산천어축제, 남부는 유성온천축제라는 마케팅으로 겨울축제로서의 성공 가능성도 제시한 바 있다.

이에 대해 허태정 당시 유성구청장은 "공직사회에서 관행과 선례를 바꾸기엔 쉽지 않습니다. 하지만 겨울철에 온천축제를 여는 방안에 대해선 적극 공감합니다"라고 말했다. 그러면서 "전체 예산(8억 원가량) 중 절반 또는 30% 정도를 겨울 온천축제를 만들어 활용한 뒤 겨울온천축제가 성공을 거둘 경우 점차 봄에서 겨울로 옮기는 방안은 검토할 수 있을 것 같다"고 말했다.

하지만 이후에 유성온천축제는 아무런 변화도 일어나지 않았다.

아마 허 시장 말대로 공직사회에서의 큰 변화는 기대할 수 없는 모양이다.

하지만 유성온천축제의 겨울 개최는 전문가 사이에서도 꾸준히 제기돼 왔다. 중국 하얼빈 국제빙설축제, 일본 삿포로 눈 축제, 캐나다 퀘벡 윈터 카니발 등 세계 3대 겨울 축제를 참고하지 않더라도 강원도 화천산천어축제의 성공 사례만 봐도 성공 가능성을 예견할 수 있다.

국내 온천의 대부분이 사양길로 접어들고 있는 마당에 겨울온천축제를 통해 유성, 더 나아가 대전의 겨울철 관광에 활력을 불어넣는 방안이 적극 모색돼야 한다. 온천은 옛날 신혼여행지였다. 아침에 일어나면 주인이 한 상을 차려 접대했다. 추억을 찾아 떠나는 유성온천으로의 레트로(retro)도 검토할만 한다.

정용래 유성구청장과 공직자의 인식 전환이 절실히 요구된다.

대동하늘공원의
또 다른 과제

한국관광공사는 대외 인지도는 낮지만 잠재력이 큰 곳을 '강소형 잠재관광지'로 선정, 지원하는 사업을 펼치고 있다. 즉 '동네 사람만이 아는, 또는 아는 사람만 아는' 이름 없는 명소를 발굴해 경쟁력을 키우겠다는 취지다.

이에 따라 한국관광공사 대전충남지사(지사장 송현철, 차장 정선화)도 2018년부터 관광분야 전문가로 심사 및 특별자문단을 꾸려 대전 대동하늘공원과 충남 서산 웅도 등 2곳을 '2019 대전충남 강소형 잠재관광지'로 선정했다. 필자도 이 선정 작업과 자문활동에 참여했다.

충남 서산시 대산읍 웅도는 조수간만의 차로 하루 두 차례밖에 길이 열리지 않는 작은 섬이다. 인구는 128명(2019년 10월 현재), 묘하게도 여자 64명, 남자 64명이 산다.

웅도(熊島)는 섬 모양이 곰을 닮았다 해서 붙은 이름이라고 한다. 서산시 대산읍에서 차량으로 15분이면 갈 수 있는 곳. 섬으로 통하는 낮은 교량은 밀물 때면 잠기고 썰물 때면 모습을 드

러내니 하루에 딱 두 번, 때를 맞춰야 교량을 통해 섬에 들어가거나 나올 수 있다. 그만큼 손때가 묻지 않아 매력적이다. 인근 무인도인 저도까지도 썰물 때면 작은 '모세의 기적'이 일어난다. 널찍한 가로림만 갯벌에 바지락과 낙지가 풍성해 갯벌체험에 제격이다.

관광공사는 두 곳에 대해 수요자 중심의 컨설팅과 적극적인 국내외 홍보 마케팅을 진행해 오고 있다. 서산시는 해안 쪽으로 탐방로인 덱(deck)보도를 비롯해 갯벌생태계 복원, 체험마을 조성 등을 추진하고 있다.

'음식이 살아야 관광지 산다'는 주장을 펴고 있는 필자는 관광객에게 폭발적인 인기를 끌고 있는 울릉도 홍합밥과 목포의 낙지호롱구이를 벤치마킹해 '웅도 바지락밥'과 '웅도 바지락죽', '웅도호롱구이' 등 '웅도 3미'를 개발할 것을 제안했다.

대전에서는 동구 대동하늘공원이 선정됐다.

대동 산1번지에 있는 하늘공원은 6·25전쟁 때 피란민이 집단으로 거주했던 곳이다. 나지막한 산꼭대기 공원에 오르는 길은 빼곡하게 들어선 판잣집 사이로 골목길이 나있다. 네이버캐스트 '아름다운 한국' 코너에서 '한국의 아름다운 골목 비경' 중 하나로 선정됐다. 오르는 골목길 사이 판잣집 벽마다 그림이 그려져 있어 대동벽화마을도로 불린다. 전망대에는 좀 생뚱맞기는 하지만 풍차가 이국적인 풍경을 연출한다. 산등성이 사이로 이어진 산책로는 낭만적이다. 특히 공원 정상에 오르면 한국철도공사(코레일)와 한국철도시설공단의 쌍둥이 빌딩, 멀리 둔산과 계룡산까지 한 눈에 보이며 대전 시내 야경을 보기에도 좋다.

2019년 4월 필자와 함께 현장심사 차 방문했던 혜전대 문주현 호텔관광경영학과 교수는 "피난민 이야기와 그들이 먹었던 음식, 그리고 이색적인 카페 등을 조화롭게 구성한다면 더욱 매력적인 관광지가 될 것 같다"고 조언했다.

 '그 곳에 가야만 먹을 수 있는 음식'은 여행에 있어서 아주 중요한 매력 요소다. 현지에 가야만 먹을 수 있는 음식이 매력(魅力)이자 마력(魔力)이다. 모든 음식은 비록 원천 생산지가 아닌 곳에서도 재연할 수 있지만 현지에 가야만 제 맛을 느낄 수 있는 마법 같은 게 있다. 이는 음식의 재료, 조리법이 지역마다 다르고 음식을 만드는 사람과 맛이 배어가는 환경이 제각각 다르기 때문이다. 하지만 무엇보다 이른바 말하는 '분위기' 즉 현지에서만 느낄 수 있는 사회문화적인 맛이 있게 마련이다.

 피난민들이 한때 생활했던 대전 동구 하늘공원의 먹거리는 흔히 카페에서 파는 파이나 마카롱, 스콘이나 케이크, 그리고 커피보다는 되레 피난민이 당시에 먹었던 주먹밥이 어울릴지도 모른다. 마카롱이나 커피는 다른 곳에서도 언제든지 먹을 수 있지만 대동하늘공원 주먹밥은 이곳에서만 먹을 수 있기 때문이다. 물론 대동하늘공원에서 주먹밥을 파는 것은 아니다.

 권태웅 대전 동구청 관광문화체육과장도 "지역 고유의 특성을 가미해 다양한 관광 스토리를 발굴하면 지역민과 관광객에게 사랑받는 장소로 발전시켜 나갈 수 있을 듯하다"고 말한 이유도 이 때문일 것이다.

몸 하나 제대로 뉘일 공간조차 없었던 대동하늘공원의 판잣집이나 골목길, 또는 작은 공간에서 배고픔을 달래기 위해 먹었던 '피난민 음식'들을 소환해보는 것은 매력적인 하나의 관광상품이 될 수도 있다. 이는 전쟁 전후 세대에게는 레트로(retro)의 기회를, 전쟁 한창 이후의 세대에게는 전쟁의 아픔을 간접적으로 느끼게 할 수 있다. 색다른 체험은 오래 남는 것이니 더더욱 그럴 것이다.

전후 세대인 필자로서는 잘 모르지만 분유(粉乳)에 푹 삶은 보리쌀을 섞어 만든 '우유죽'은 한국전쟁 이후 점심때 마다 거리의 배급소에서 나눠 주던 음식이었다고 한다. 강냉이 가루죽도 있었다는 얘기를 들었다. 일명 '꿀꿀이 죽'이라 불리는 '유엔탕(UN湯)'은 전쟁 후 미군부대에서 버리는 음식찌꺼기를 수거해 끓여 판 음식이라고 한다. 아마 부대찌개와 비슷한 음식으로 소시지나 햄이 들어 있어 마치 고깃국을 연상케 하는 맛이었을 것이다.

이 같은 음식들을 대동하늘공원에서 판매한다면 귀하는 먹어보겠는가, 피하겠는가?

이왕이면 예술성도 있고 그림도 있는 예쁜 깡통그릇이 좋을 것 같고, 주먹밥도 옛날에는 구휼식이었지만 지금은 웰빙식인 시래기 같은 재료를 넣으면 더욱 좋을 것 같다. 이 또한 '오래된 미래' 아닐까?

2-08 유성오일장, 이대로 끝인가?

책 '오래된 미래: 라다크로부터 배우다'(헬레나 노르베리 호지)는 빈약한 자원과 혹독한 기후에도 불구하고 1000년이 넘도록 평화롭고 건강한 공동체를 유지해온 히말라야 서부 인도 라다크지역의 이야기다. 영하 20도를 넘는 겨울이 8개월 이상 계속되는 척박한 환경속에서도 최소한의 것으로 자급자족하는 공동체를 일구며 살아온 땅, 서구 문명의 질주를 막기 위해 애쓰는 강인하고 소박한 사람들이 살고 있는 인류의 보루다.

오래된 것을 밀어붙이고 눈 앞의 이익이 발생하는 새로움을 추구하는 개발론자들은 생산성이나 효율성만을 앞세운다. 이들은 새로운 것이 미래이고, 오래된 것은 구태여서 발전의 발목을 잡는다고 생각한다.

2018년 11월 중국 상하이 라오창팡(老場坊)을 방문했을 때 일이다. 라오창팡은 1933년 지어진 동양 최대의 도축장으로 중국 정부가 운영했다. 소를 한 줄로 몰고 가야하는 도축장 특성 때문에 4, 5층쯤 돼 보이는 건물은 좁은 통로로 쭉 이어져 있다. 이곳에 실려 온 소들은 뒤에서 몰면 좁은 통로를 따라 이동하다가 죽음을 맞이했다. 건물의 콘크리트 벽 두께는 50cm에 달하는데 더운 여름에도 신선도를 유지하기 위해서라고 한다. 특히 건물의 기하학적 구조가 눈길을 사로잡는다.

중국의 육류가공 및 생산 거점역할을 했던 이곳은 중국의 경제개방과 선진국과의 교역증가로 육류가공 공장이 점점 도심 외곽으로 이전하게 되면서 그 기능이 점점 쇠퇴하다가 2002년 이후 가동을 멈췄다.

이후 철거의견도 있었으나 2006년 상하이 창의산업투자유한공사가 인수해 현재의 복합문화 공간으로 변신시켰다. 상하이를 방문하는 전 세계 관광객들은 이곳을 찾는다.

중국 상하이 톈즈팡거리

상하이에 있는 오래된 방식공장인 모간산루 50호(M50) 역시 건물을 온전히 유지한 채 창작예술공간으로 탈바꿈시켰다. 이밖에 좁은 주택가인 톈즈팡(田子坊)도 문화와 예술, 카페거리로 전환됐다. 푸둥(浦東)을 세계 최대 금융도시로 탈바꿈시키는 한편, 와이탄 뒷골목의 오래된 건물과 골목은 문화와 관광, 쇼핑, 먹거리 명소로 변화시켜 전 세계 관광객을 불러 모으고 있다.

세계 다른 도시도 마찬가지다. 미국 뉴욕 맨해튼 15~16번가 공장건물인 첼시마켓은 세계적인 먹거리 타운이 됐고, 터키 이스탄불의 그랜드 바자르는 쇼핑천국이 됐다. 상대적으로 발전이 더딘 동남아 국가의 도시들에서도 관광객들에게 가장 매력 있는 방문지는 바로 시장(市場)이다. 모르는 국가나 낯선 도시를 방문하는 사람들은 왜 시장에 매료되는 걸까. 그 나라, 그 도시인의 삶이 고스란히 담겨 있고, 가장 쉽고 빠르게 방문지를 이해할 수 있는 공간이기 때문이다. 시장이 사고 파는 기능을 뛰어넘어 또 다른 의미와 중요성을 갖는 이유다.

　1900년대 초에 형성된 유성시장은 100년 전통을 자랑하는 중부권 대표 5일장으로, 평소에는 한적하지만 숫자 4, 9자로 끝나는 장날에는 새로운 모습으로 변신한다. 골목마다 대전을 비롯해 공주, 세종, 논산, 옥천 등에서 수많은 상인이 몰려오고 시민들은 이곳을 찾는다. 골목마다 생선, 육류, 채소, 생활용품이 종류별로 난전을 형성한다. 오일장만 서면 잔치국수와 보리밥집 앞에는 사람들이 길게 늘어선다. 아무리 경제가 어렵다지만 유성오일장이 서는 날만큼은 그런 걸 못 느낀다. 장날 하루 방문객만 3, 4만 명에 이른다 하니 시장의 풍경은 알만하다. 아내 명경희도 자주 찾는 곳이다

　하지만 이런 역사와 삶의 모습이 고스란히 배어 있고 해를 거듭할수록 그 가치가 더욱 상승될 것으로 예견되는 유성오일장이 사라질 위기다. 유성구 장대동 유성보건소 주변을 중심으로 오일장이 들어섰던 이곳에 초고층 아파트와 오피스텔을 지으려는 재개발이 추진되고 있기 때문이다. 오랫동안 시장을 삶의 터전으로 살아온 사람들이 그토록 반대했지만, 인허가 권한이 있는 유성구청은 재개발 세력의 손을 일단 들어준 상태다.

　조합 측은 이 일대 9만7213m^2(약 2만9450평)에 지하 4층, 지상 49층, 3000여 가구 규모의 대규모 아파트를 짓는다는 구상이다. 2019년 12월 GS건설이 시공사로 선정되면서 재개발 사업을 더욱 빠르게 진행되고 있다. 100년 역사의 유성오일장은 이제 온데간데 없이 사라질 일만 남았다.

　유성구의 인허가 승인을 두고 논란도 일고 있다. 사업지구 내 토지의 35%가 대전시 및 유성구 소유로 돼 있다. 재개발을 반대하는 주민들은 "유성5일장의 역사와 전통, 미래 가치 등을 판단해 토지 소유자로서 유성구가 반대 의견을 냈다면 유성오일장을 지켜낼 수 있었을 것"이라고 주장한다. 재개발을 반대하는 주민들의 소유 토지와 공공용지를 합치면 토지면적 동의율이 50%에 못 미친다는 주장이다.

유성오일장 재개발 움직임과 관련 필자는 양충규 '장대 B구역 재개발해체 주민대책위원회' 총무를 수차례 만나고, 수차례 기사화하기도 했다. 주민대책위는 본보 기사를 대량으로 복사해 유성장날만 되면 거리에서 방문자들에게 나눠주고 서명을 받았으나 허사로 돌아갔다.

대학 때부터 알고 지내던 후배 조승래 국회의원(더불어민주당 유성갑)과 정용래 유성구청장, 허태정 대전시장에게도 직접 전화를 걸어 "(국회의원 재직동안, 구청장 재직동안, 시장 재직동안) 평생 후회할지도 모를 결정을 절대 하지 않기를 바란다"고도 말했다. 일부 인사는 "본인도 반대하는 입장"이라는 의사 표현을 하기도 했으며, 처음부터 끝까지 듣기만 하는 인사도 있었으나 어쨌거나 재개발은 결정된 상태다.

얼마 전 대전을 다녀간 서울 친구의 말이 떠오른다. "대전에 가서 장태산, 대청호, 한밭수목원, 국립중앙과학관 등을 모두 가 보았지만 가장 기억에 남는 것은 유성오일장이었다."

재개발이 이뤄지면 300여 영세 점포주와 장날마다 오일장을 여는 1200여 노점상은 찾아볼 수 없게 된다. 유성구청과 조합 측은 재개발 후 조성되는 공원 등 녹지공간에 이들에게 좌판을 열도록 하고 유성5일장이 유지될 수 있도록 하겠다고 한다. 하지만 골목길과 난전, 술 취한 아저씨가 붙들고 오랫동안 서 있었던 전봇대, 빛바랜 식당 의자, 그런 모습을 볼 수 있을까.

'함께 한 100년, 함께 할 100년'인 '오래된 미래' 유성오일장은 대전이 지켜야 할 과거이자 미래이다.

2019

축제재단이 답(畓)이다

대전시가 문화재청의 야행(夜行) 공모에서 잇따라 탈락하고, 대전사이언스페스티벌이 오로지 과학만을 주제로 진행되는 이유 중 하나는 이를 추진하는 주관 부서의 높은 장벽과 칸막이 때문이다.

야행 프로그램이 '문화재를 활용한 도시재생 및 지역경제 활성화'라는 당초 취지와는 다르게 공연이나 이벤트 중심으로 진행되거나, 공연 및 이벤트는 도외시된 채 문화재 전시나 관람만으로 진행되는 이유는 이를 추진하는 주체의 다양성 부족 때문이다.

대전사이언스페스티벌도 마찬가지다. 이름은 '페스티벌'이라고 해 놓고 자문위원회에 참석해보면 축제나 관광, 이벤트 분야 관계자들은 거의 없다. 야간에 이뤄지는 야행도 문화재 부서 관계자만 모여서 '쪼물딱쪼물딱' 한다.

축제 및 행사 대행사는 문화원이나 이벤트 기획사가 담당한다 하더라도 그들은 행사를 시일에 맞춰 진행하기에 급급하다. 기획 초기단계에서부터 다양한 요소가 가미된 큰 그림을 그릴 수 있는 권한도 없고 시간적 여유도 한계에 봉착한다. 그러니 사이언스페스티벌에서 '분자요리'를 이야기할 사람이 없고, 문화재 야행에 행사에 걸맞는 '야식(夜食)'이 등장할 리 없다.

칼국수축제나 유성온천축제도 마찬가지다.

이 같은 문제점을 해소할 수 있는 방안 중 하나로 축제를 전담하는 조직설립이 대안으로 떠오르고 있다. 축제의 경쟁력 강화를 위해 전국의 각 지방자치단체들마다 축제 전담조직 설립에 나서고 있는 이유도 이 때문이다. 미처 재단설립을 추진하지 못하고 있는 지자체들은 전문가 영입을 진행하고 있다.

충남 금산군은 38년 역사의 금산인삼축제를 세계화하기 위한 방안으로 '금산축제관광재단'(가칭)을 2019년에 설립했다. 충남도의 승인을 받아 의회에 조례안 상정을 거쳐 의회 승인과 이사회 구성까지 속속 진행됐다.

충남 보령시(시장 김동일)도 2011년 보령머드축제를 전문으로 기획 운영하는 보령머드축제조직위원회를 설립한데 이어 2019년 7월에는 이를 보령축제관광재단으로 공식 출범했다. 축제관광재단으로 탈바꿈시킨 뒤 전문가를 채용하고 기업협찬 등 다양한 수익사업을 전개한 결과 '돈을 쓰는 축제가 아닌, 축제를 키우고 돈을 버는 축제' 조직으로 탈바꿈시켰다. 축제의 경쟁력 강화는 물론 2011년 1억 원에 불과했던 지정기부금이 2018년에는 5.5배인 5억5000만 원으로 늘었다.

재단으로 탈바꿈한 뒤 자율성과 창의성이 확보되면서 겨울바다사랑축제 등 다양한 축제를 신설해 경쟁력을 높이고 보령의 도시브랜드를 한층 향상시키고 있다.

2017년 설립된 충북 영동축제관광재단도 전문가 영입과 함께 포도축제, 와인축제, 난계축제, 곶감축제 등 4개 축제를 전담하도록 하면서 경쟁력이 크게 향상됐다는 평가를 받고 있다. 특히 재단 소속 직원들의 전문성 향상을 위해 대학원 진학 지원 등 영동의 축제 경쟁력 향상을 통한 지역활성화를 위해 체계적인 행보를 걷고 있다.

이밖에 충남 서산시와 홍성군도 유사한 조직설립을 진행하고 있다.

대전에서는 대덕구(구청장 박정현)가 관광 및 축제, 도시브랜드 향상 등을 전담할 문화재단설립을 착수했다. 2019년 12월 박 구청장은 필자를 만나 "현재의 대덕구문화원이 다양한 행사 등 프로그램을 진행하는 실무부서라면, 재단은 도시브랜드를 향상시키는 기획 등 싱크탱크 역할을 하는 조직"이라며 "대덕구의 로하스축제, 2019년 처음 개최한 대코맥주페스티벌 등의 경쟁력 강화 방안도 이 재단에서 진행하게 될 것"이라고 말했다.

비록 재단은 아니더라도 관광부서의 기능을 확대하고 강화하고 있는 곳은 바로 대전 동구(구청장 황인호)다. 황 구청장은 2018년 취임하자마자 대전 5개 구청에서는 유일하게 관광과를 신설했다. 좀처럼 쉽지 않은 조직개편이다. 이후 황 청장은 구청 공무원과 구민들을 대상으로 한 설문조사를 통해 동구 8경을 선정 발표했다. 또 대청호벚꽃축제를 신설하고, 동구 관광활성화를 위한 대학생 공모전을 실시하는 등 다양한 시도를 하고 있다.

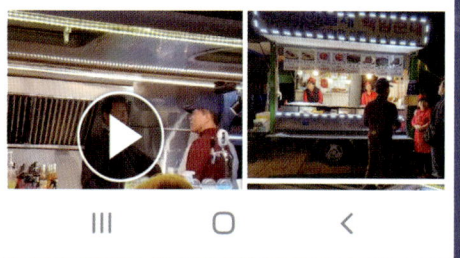

이 같은 노력 등으로 인해 동구 대동 하늘공원을 한국관광공사가 선정하는 '강소형 잠재관광지'로 선정되는가 하면 관광활성화를 위한 단단한 초석을 다지고 있다.

황 구청장은 또 매주 토요일마다 진행하는 '대전 토토즐'(토요일 토요일이 즐거워) 행사에 거의 빠지지 않고 참가하고 있으며, 2019년 10월에는 필자가 기획한 세종푸드트럭페스티벌 현장을 방문해 축제의 기획, 운영, 방문자들의 반응까지 일일이 점검하는 열정과 세심함을 보였다. 황 청장은 "대전 5개 구 가운데 동구가 사회경제적 여건은 가장 열악할 수 있지만 자연환경을 비롯한 문화 관광자원은 가장 훌륭하다"며 "관광을 통한 '동구 만세'를 이루겠다"고 했다. 황 청장은 더 나아가 전국 기초자치단체로서는 보기 드물게 '관광국 신설'이라는 카드도 내놓고 있다.

지자체가 이처럼 앞 다퉈 축제 전담조직 설립에 나서는 것은 전담조직 설립 이후 축제 경쟁력 향상, 일자리 창출, 재정자립도 향상 등 '성공 사례'들이 자극제가 된 것으로 보인다.

이같은 축제 전담조직 설립 추세는 문화체육관광부의 축제의 관주도 탈피 정책 기조와도 맞물려 더욱 가속화할 것으로 보인다. 문체부는 공무원 순환보직에 따른 축제 전문성 결여, 축제 총괄 조직 부재 등에 따른 문제점 해결을 위해 축제 전담조직을 권장하고 인센티브 제공 방안도 추진하고 있다.

실제 2020년 국내 지방자치단체 중 축제 및 관광재단을 설립하려는 지자체는 20여 곳으로 조사됐다. (표 참고) 이중에는 경북 봉화군이 축제관광재단으로, 경기 과천 양평 이천 광주 구리시 등이 축제(운영)팀이 포함된 관광재단 설립을 진행하고 있다. 또 강원 태백시 삼척시 동해시와 경남 통영시, 경북 울주군, 전남 화순군, 충남 서산시와 홍성군도 '관광재단' 이나 '문화재단' 이름으로 유사 조직 설립에 나서고 있다. 광역자치단체로서는 울산광역시, 광주광역시, 전남도가 관련 조직 설립에 나서고 있다.

축제재단 전담 조직 붐

조직형태	2020년 설립예정	지역	축제팀 설치여부
축제 관광재단	1곳	봉화	축제관광팀
문화재단	11곳	과천 양평 이천 하천 광주 구리 태백 서산 삼척 통영 울주	태백 : 축제운영팀, 서산: 축제팀 이천 : 문화기획사업팀, 광주 : 시민문화, 구리: 문화진흥
문화관광재단	3곳	동해 홍성 화순(2019. 12월 중)	동해 : 축제추진, 홍성 :문화사업
관광재단	3곳	광주 전남 울산	
총	18곳	18개	축제팀: 3곳, 축제업무: 4곳

자료 : 배재대 관광축제대학원

축제 전담 조직을 구성한 뒤 성과가 나타났고, 조직구성의 필요성에 대해 언급한 연구 결과도 나왔다. 문화체육관광부 국민소통실 정책포털과 원세연 씨는 자신의 석사논문 '경쟁력강화를 위한 국내 축제운영조직의 업그레이드 전략 방안에 관한 연구'(2018. 배재대 이벤트축제경영학과)를 통해 "국가의 재정 한계로 축제 보조금이 줄고 중앙정부로부터 자생력을 요구받는 상황에서 축제의 경쟁력을 키울 수 있는 조직으로의 전환은 이제 과제가 됐다"고 지적했다. 그는 또 "전국 공무원과 축제운영조직 관계자 200명을 대상으로 조사한 결과, 축제 운영조직 설립은 물론 축제시장의 유행을 읽고 선도할 수 있는 전문 인력 확보가 필요한 것으로 느끼고 있었다"고 밝혔다.

원 씨는 또 논문에서 기존에 설립된 축제재단이나 향후 설립 예정인 축제/관광문화재단의 경쟁력과 자생력 확보를 위해 재단 직원의 자격, 재단의 역할 등 필요 요소를 제시하기도 했다. 그 중에는 △축제 분야 학위나 자격증을 소지한 직원 채용 △자생력 확보차원의 수익사업 추진 △언론매체를 이해하는 홍보전문가의 축제 홍보팀 배치 △신문 방송 이외 다양한 매체를 통한 홍보마케팅의 필요성에 대해 강조했다.

실제 2019~2020년 재단을 설립했거나 하고 있는 전국 지방자치단체들을 보면 이 같은 요건을 중요시 하거나 필수 조건으로 제시하는 등 새로운 양상이 나타나고 있다.

CNN선정 '겨울철 세계 7대 불가사리' 중 하나로 선정된 산천어축제를 개최하는 강원 화천 재단법인 나라는 직원 채용분야 중 수익사업(스폰서유치)을 담당할 기획 홍보업무를 명시했다. 경북 안동축제관광재단은 처음으로 온라인 홍보 전담자를 별도 채용했으며, 경북 문경축제관광재단 역시 축제기획 사무국장과 직원 채용 시 관공 예술 관련 종사자를 전제로 내세웠다. 충북 영동축제관광재단은 사무국장과 팀원 국내 축제관광재단으로서는 처음으로 축제관련 자격증을 사전 자격으로 명시했으며, 경북 영양축제관광재단은 공무직 채용 시 축제 관련 업무 경력을 우대한다고 밝혔다.

축제 조직의 설립뿐만 아니라 더 나아가 축제조직의 자생력 확보를 위해선 '재원'이 가장 중요한 과제 중 하나로 떠오르고 있다. 이를 위해선 해외 선진 축제처럼 협찬(Sponsorship), 임대사업(Food and Beverage Sale), 휘장사업(Merchandizing & Licensing), 입장권 사업(The price of admission) 등 다양한 수익사업이 필수적이지만 국내의 경우 이를 제재하는 '기부금품의 모집 및 사용에 관한 법률'이 걸림돌로 작용하고 있다.

이처럼 관광 정책이나 축제 등을 기획 추진하는 전담부서의 설립은 그동안 관 주도로 진행돼 온 축제나 관광정책의 문제점을 해소할 수 있는 대안으로 떠오르고 있다. 창의적이고도 자발적이면서 융합적 교류를 통한 축제나 관광정책 기획으로 콘텐츠의 경계를 허물고 시너지 효과도 낼 수 있다.

대전방문의 해를 맞아 축제 관광분야 예산을 늘리기만 할 것이 아니라, 10여개에 이르는 대전지역 축제를 종합적으로 재점검하고 경쟁력을 확보해 도시브랜드를 키울 수 있는 재단 설립을 적극 검토해야 한다.

3부 식탐
食探 : 음식을 탐구하다

'맛있는 대전'은 가능한가?

3-01 대전 '다리위의 향연' 어디갔나
3-02 대전청년구단이 가야할 길
3-03 청년 셰프(Chef)의 도시, 대전
3-04 청년 셰프들의 나눔 이야기
3-05 우숨대는 대전의 자랑이다
3-06 행사로 끝난 음식·관광 정책토론회
3-07 주식시의, 우음제방을 아십니까
3-08 〈특별기고〉 밖에서 본 대전의 음식 / 김화성

제작 | **청담공방**

대전 '다리위의 향연' 어디 갔나

대전 엑스포다리에서도 비슷한 행사가 진행된 바 있다. 간헐적으로 진행된 적이 있는 '다리위의 향연'이다. 하지만 더 이상 진행되지 않고 있다.

대전엑스포다리는 1993년 대전엑스포 때 만든 조형물 중 하나다. 당시 대규모 주차장으로 조성된 남문광장과 전시회장을 연결하기 위한 교각으로 길이는 330m에 이른다. 대전엑스포 때 당시 주차장이었던 남문광장에 차를 세운 방문객이 주 전시장으로 가는 편의를 위해 만든 조형물이다. 국내 대도시에서 차가 다니지 않는 이 정도 규모의 다리(조형물)는 없다.

두 개의 아치형 조형물이 설치된 이 다리는 조형미도 뛰어나고 갑천 서쪽으로 기울어가는 석양과 노을이 아름다워 평소에도 사진 애호가들의 사랑을 받는 곳이다. 해가 서쪽으로 기울면 석양은 갑천을 가을 단풍처럼 울긋불긋 물들인다. 시시각각 변하는 석양을 바라보는 것만으로도 환상적이다.

이 다리위에서 만찬 프로그램이 처음 진행된 것은 2013년 10월이었다. 호주 멜버른 호숫가 숲속에서 매년 열리는 '세계에서 가장 긴 식사' 프로그램에 착안해 마련된 것이다.

행사는 2013년 10월 13일, 14일 오후 6시부터 400여명이 참가해 정찬(正餐)을 하는 방식으로 진행됐다. 일정한 비용(3만원)을 지불하고 예약한 참가자들에게는 양송이크림수프, 카나페 4종, 와인으로 숙성된 한우 떡갈비스테이크, 치즈케이크와 커피, 과일, 와인이 제공됐다. 재즈공연도 곁들여졌다.

이 행사는 국내 대도시에서는 처음으로 다리 위에서 펼쳐진 야간 파티로, 화려한 조명과 함께 공연이 어우러진 대전의 명물로 자리 잡을 가능성을 보여줬다. 이듬해 '축제 올림픽'이라 불리는 세계축제협회(IFEA) 한국 피너클 어워드에서 우수상을 수상하기도 했다.

당시 참가자들은 "대전엑스포 '다리 위의 향연'은 야외에서 단순한 한 끼 식사가 아닌 도심의 아름다운 풍광과 공연, 식사가 어우러진 대표적인 이색 이벤트로 국내 대도시 어디에서도 찾아볼 수 없었던 경험"이라고 극찬했다. 2014년 같은 축제 때 열린 다리위의 향연은 3시간 만에 500석 전 석이 순식간에 매진되기도 했다.

싱가포르 스카이다이닝 케이블카

이처럼 독특하거나 낯선 장소에서의 식사는 늘 인기가 있는 법이다. 싱가포르 케이블카에서의 식사나, 터키 열기구체험에서의 가벼운 식사는 전 세계인에게 찬사를 받고 있다. 도심 속 유일하게 차가 다니지 않는 엑스포다리위에서의 향연은 '대전에 가면 그게 있다'는 말이 나올 정도로 대전의 관광명물로 충분히 자리를 잡을 수 있는 아이템이다.

대전시는 엑스포 다리위에서의 이 같은 프로그램이 '대전방문의 해'(2019~2022)를 맞아 대전의 대표 관광상품으로 자리 잡을 수 있을 것으로 판단했다. 이에 따라 2019년부터는 이 행사를 정기적으로 진행해 대전의 명물로 키울 구상을 했다.

하지만 대전시의회에서 필요한 예산 1억5000만 원을 전액 삭감했다. 삭감한 이유에 대해선 이야기가 분분하다.

그 중 하나가 '전직 시장의 냄새가 풍긴다'는 이유로 예산 편성을 반대했다고 한다. 이 같은 발언을 한 시의원은 '다리위의 향연'을 처음 도입할 당시의 시장과 사이가 별로 좋지 않았던 모양이다. 실제 다리위의 향연 프로그램 도입과 관련, 개인감정이 작용했다면 이건 공사(公私)를 가리지 못한 편협한 생각이다.

또 '왜 주변 식당을 놔두고 굳이 다리 위에서 식사해야 하느냐'는 이야기도 나왔다고 한다. 그 말이 사실이라면 차별화된 이벤트가 지역 브랜드 향상에 도움이 될 수 있다는 것을 전혀 인식하지 못하는 몰인식에서 나온 발언이다.

　'다리위의 향연'은 2013년 대전세계조리사대회총회, 2014년 대전국제푸드&와인페스티벌, 2018년 대전사이언스페스티벌 때 모두 대전을 방문한 외지인에게 가장 만족스러운 프로그램으로 선정되기도 했다.
　대전이 2019년부터 2022년까지를 '대전방문의 해'로 정하고 다양한 사업을 진행하고 있음에도 여전히 '대전은 노잼(재미가 없는) 도시다', '대전은 먹을 게 없다', '대전은 볼 게 마땅치 않다'는 평가가 지속되고 있는 이유를 꼼꼼히 따져 봐야 한다.
　상을 펴자. 아름다운 대전 엑스포다리위에서.

대전청년구단이 가야할 길

"바삭한 튀김옷과 풍부한 육즙, 게다가 감자튀김과 샐러드, 오이피클, 밥 한 공기까지…. 이런 돈가스가 7000원이면 괜찮지 않나요?"

대전 동구 원동 네거리 중앙메가프라자 3층에는 이색 공간이 있다. 대전시와 소상공인시장진흥공단 등이 청년창업을 지원하기 위해 2017년 6월 문을 연 청년몰 브랜드 '청년구단'이다. 야구를 테마로 한 스포츠 펍(Pub) 형태의 이곳에는 청년들이 운영하는 식당 10여 곳과 공방이 입주해 있다. 빈 상가를 값싸게 임차해 청년들의 꿈 터로 탈바꿈시킨 것이다.

메뉴도 한식을 비롯해 멕시코와 이탈리아 음식, 일식 등이 있고 디저트, 커피와 음료 등 다양하다. 김치전과 수육, 수제 막걸리 등도 있다. 공방에는 생활한복과 공예품도 판매되고 있다.

기대와는 달리 손님은 그리 많지 않았으나 외식경영자이자 방송인인 백종원 씨가 이곳을 다녀간 뒤 소문으로 영업이 좋아지고 있다.

대전시와 소상공인시장진흥공단 등이 5억~6억 원씩 투입했지만 '실패'로 평가받고 있는 대전 중구 태평동 청년맛잇길, 유천동 청춘삼거리, 한민시장 내 다문화음식특화거리의 전철을 밟지 않을까 하는 우려가 된다.

청년구단의 '대박'을 위해 각 전문가들은 다양한 솔루션을 제시하기도 한다. 필자도 수차례 현장을 방문해 영업자와 대화를 나누며 활성화 방안에 대해 고민해왔다.

하지만 섣불리 아이디어를 제공하거나 이를 관철할 순 없는 문제다. 다만 이러한 와중에 외국의 몇몇 성공사례는 공유하고 싶다.

그 중 하나가 일본 후쿠오카에 있는 라멘스튜디오다. 이곳은 일본 전역에 있는 유명한 라면집을 모두 입주시켰다. 이곳에만 가면 자신에게 맞는, 아니면 그날 따라 확 당기는 라면을 얼마든지 먹을 수 있다. '라면 스튜디오'라는 이름으로 호기심을 유발하고, 라면집을 밀집시켜 시너지 효과를 높이고, 방문자들에게는 라면 선택권을 넓혀 만족도를 높이고, 방문객 증가에 따른 바이럴 마케팅(viral marketing)으로 후쿠오카의 명물로 발전할 수 있었던 것.

이 같은 유형은 식당가로 변모한 일본 홋카이도 오타루 외항 창고사례도 마찬가지다.

국수, 칼국수, 라면, 파스타, 베트남쌀국수, 자장면, 짬뽕 등 모든 면 요리가 밀집돼 있는 '누들(noodle) 스튜디오'와 같은 면 요리 천국으로 전환하는 방안도 검토해볼 만 하다. 또한 재방문을 높일 수 있는 중독성이 있으면서 건강한 메뉴 개발, 스타 셰프의 등장, 파격적인 가격 조건, 흥미진진한 공연과 게임, 그리고 집중적인 홍보가 필요하다.

몇몇 관련자만 참여하는 게 아니라 지역사회의 각계 전문가들로 구성된 지원단을 꾸려 다각적인 원인 분석과 함께 실현 가능한 해결책을 찾아야 한다.

청년구단을 이끌어가는 사람들

청년 셰프(Chef)의 도시, 대전

대전은 청년 셰프(chef)의 도시다. 이렇게 말하는 이유는 대전은 유독 조리와 관련된 학과 또는 학부를 개설한 대학이 많기 때문이다.

우송대학교의 경우 외식조리, 글로벌조리, 외식조리경영, 볼보퀴즈조리, 외식조리영양, 호텔관광학 분야가 개설돼 있다. 또 우송정보대와 대전보건대, 대전과학기술대, 배재대, 대덕대에도 요리 관련 학과가 개설돼 있다. 서울이나 부산, 대구, 인천, 울산, 광주 등 전국 어느 대도시에도 이 만큼 조리관련 학과가 많은 곳은 없다.

게다가 유성생명과학고와 대전전자디자인고에도 제과제빵 관련학과가 개설돼 있다. 이 정도면 대전을 '청년 셰프의 도시'라 해도 과언이 아니지 않은가.

청년 셰프들을 위한 축제가 열린 곳도 대전이 처음이다.

필자는 2017년 10월 대전사이언스페스티벌과 연계해 엑스포시민광장에서 '청춘예찬프라자'를 기획해 개최한 바 있다. '예찬(藝餐)'은 앞에서도 언급했듯이 '예술'과 '만찬'을 합친 말로 청년 창업에 있어서 선호도가 높고 쉽게 접할 수 있는 외식을 주 테마로 했다.

외식테마 부스에는 청년구단, 전통시장 청년상인, 대학졸업생, 푸드트럭 등 스타트업 청년 창업자가 참가하도록 하고 무대 프로그램도 외식창업을 주요 테마로 했다. 혼밥족, 싱글족, 자취생 등이 집에서도 손쉽게 요리할 수 있고, 인스턴트·패스트푸드를 건강하게 먹을 수 있는 방법을 현장에서 알려주는 '셰프의 팁' 프로그램도 운영했다.

지역의 외식분야 성공 창업자와 예비 청년창업자들이 창업 스토리와 노하우를 공유하는 '푸드토크쇼'도 운영했다. 서울에서 청년외식창업 인큐베이터 전문가로 활동 중인 올리브TV의 '한식대첩4' 심사위원을 지낸 유지상 씨알트리 대표를 초청해 '외식창업 성공의 비법'을 주제로 특강도 실시했다.

이밖에 대전지역 청년 셰프들이 즉석에서 자신도 모르게 제공되는 식재료로 주어진 주제에 맞춰 음식을 만들어내는 '청년셰프 블랙박스 요리경연대회'도 국내에서 처음 시도했다. 이 대회에서는 1차 예선전에 면(麵)요리를, 2차 예선에서는 육류요리, 본선에서는 냄비 밥 짓기를 주제로 펼쳐, 대덕대 출신 강명숙 셰프(현 한국음식문화진흥연구원 이사)가 대상을 차지하기도 했다.

특별 이벤트로는 허태정 대전시장의 냉장고 속 재료로 즉석에서 요리를 만든 뒤 허 시장과 시민들이 음식을 나눠 먹는 '대전판 냉장고를 부탁해'도 개최했다. 이 프로그램은 김용진 전 과테말라 주한대사관저 조리장과 백승진 우송대 교수가 참여했다.

2018년 10월에도 필자가 기획해 '청년셰프 페스티벌'을 개최했는데, 대전시와 중소벤처기업부, 소상공인시장진흥공단이 공동으로 청년 창업, 일자리 창출, 소자본 창업을 목적으로 진행한 것이다. 또한 소상공인의 가맹점 가능성을 점치는 행사도 열렸다.

행사는 프랜차이즈화가 가능한 메뉴를 기반으로 한 제2회 청년셰프 블랙박스 요리경연대회, 스타 셰프 데모토크쇼(나는 이렇게 창업해 성공했다), 분자요리쇼 등을 진행했다. 또 일반 관람객이 참여하는 푸드파이터(미각 브라인딩 테스트, 태극김밥싸기, 사과껍질 길게 깎기) 행사도 진행했다.

이와 함께 포틀럭 파티(potluck party)도 기획했다. 이 파티는 참석자들이 자신의 취향에 맞는 요리나 와인 등을 가지고 와서 나눠 먹는 행사이다. 미국이나 캐나다 등에서 유행하는 문화로 파티에는 당시 대전시 행정부시장을 지낸 이재관 행정안전부 지방자치분권 실장 부부도 참여했다.

행사장에서 밥과 국은 제공됐으며 이 실장 부인은 동태전을 준비했다.
이밖에 '알고 먹으면 더욱 맛있다, 음식 속에 숨어 있는 과학이야기' 프로그램도 진행됐다. 이 행사에는 세종푸드트럭페스티벌 참가 업체 중 위생, 서비스, 맛, 가격, 콘텐츠 중에서 최우수로 선발된 푸드트럭 10대와 대전지역 청년 푸드

블랙박스 요리경연대회에 참가한 대전청년

트럭 5대가 등장했다. 음식 종류는 '사이언스 페스티벌(Science Festival)'의 영어 스펠링 첫 자에 맞게 Steak, Coffee, Icecream…Fire sushi 등에 숨어있는 과학이야기를 설명한 뒤 판매하는 방식이었다.

이 같은 프로그램을 준비한 진짜 이유는 대전지역의 음식점과 가능성 있는 청년세프들을 매칭해주기 위해서였다. 대전지역 외식조리관련 학과에 재학하는 상당수 학생들은 창업을 꿈꾸고 있다. 하지만 자본이 부족해 쥐꼬리만한 정부 및 지방자치단체 지원금으로는 창업을 엄두도 내지 못하는 처지다. 이에 따라 영업실적이 부진한 외식업소와 창업을 꿈꾸는 청년 셰프와의 매칭으로 이들에게 활로를 제공하자는 취지였다.

청년셰프를 인턴 형태로 고용한 뒤 운영은 청년에게 맡기고 수익이 발생할 경우 당분간 6대4, 또는 5대5, 4대6 비율로 나누고 가능성이 있다면 청년이 운영권을 인수할 수도 있을 거라고 판단했다. 어차피 현상유지 또는 적자를 내는 업소라면 한번쯤 검토해 볼만한 제안이라 생각했다.

하지만 행사 당시 이 같은 취지를 살리지 못했다. 축제 운영을 소상공인시장진흥공단과 공동으로 운영하면서 취지를 충분하게 공유하지 못했던 탓이다. 아무튼 이후 행사가 지속되지 못해 아쉬움이 남는다.

청년셰프들의 나눔 이야기

"누구나 음식 기부는 할 수 있지만, 우리처럼 음식을 직접 맛있게 만들어 나눔을 실천하기는 쉽지 않을 껄요"

대전지역 호텔과 병원 등 대형 급식시설, 레스토랑 등에서 일하는 20, 30대 젊은 셰프들로 구성된 봉사단체가 있다. '온아띠'(회장 박범수)라는 이름이다. 이들은 2016년 6월 자신들만이 갖고 있는 요리 실력을 기반으로 나눔 활동을 하자는 취지로 온아띠를 결성했다. '온아띠'는 한자 '따뜻할 온(溫)' 자에, '친한 친구'라는 뜻의 순 우리말 '아띠'를 사용했다.

이 모임의 회장은 박범수 씨. 박병식 한국조리사중앙회 대전시지부장의 아들이기도 하다. 그는 "우리가 갖고 있는 남다른 능력은 정성스럽게 음식을 만들 수 있는 것"이라며 "음식을 드셔 본 분들의 반응이 남 다르다"고 말했다.

회원은 30여 명으로 구성됐다. 대전 유성호텔을 비롯해 선병원과 자생한방병원, 성심당, 단체 급식시설에서 근무하고 있다. 이들은 매월 마지막 주 수요일 소외계층을 찾는다. '선배 단체'인 한국조리사회 대전시지부가 주관하는 행사에 찾아가 도와주기도 한다.

온아띠 회장 박범수 씨는 "제각각 갖고 있는 재능에 관심과 시간만 조금 더 하면 아주 의미 있고 특별한 봉사활동을 할 수 있다"며 "앞으로도 지속적으로 활동해 나 가겠다"고 말했다. 회원들은 "봉사활동 하는 시간은 대부분 점심시간으로, 조금만 정성을 쏟으면 가슴 뿌듯한 일을 경험하게 된다"고 했다.

우송대는 대전의 자랑이다

2017년 12월 19일 이탈리아 피렌체에서는 배우 이영애와 구찌(GUCCI)가 한식 만찬을 함께 했다. 문화유산 보존과 세계인들에게 한식을 알리는 의미 있는 자리에 소갈비찜, 연잎밥, 수삼채소말이 등 한식 코스 요리가 선보였다. 이를 준비한 주인공들은 바로 우송대 글로벌한식조리학과 교수와 학생들이었다.

2016년 10월, 한국-과테말라 수교 50주년을 맞아 과테말라의 수도에서 '한국음식페스티벌'의 한식을 담당한 주인공도 바로 우송대 한식 조리팀이었다. 이들이 귀국한 후에도 과테말라 언론에서는 한식을 비중 있게 다루고 현지 직업학교에서는 조리사를 파견해 달라고 요구하는 등 한식과 한국문화에 대한 관심이 계속됐다.

우송대 외식조리학부와 글로벌한식조리학과는 '요리올림픽'이라 불리는 세계 조리대회 마다 상을 휩쓸면서 국가대표급 요리사를 배출하여 우송대의 가치를 진작부터 증명해 왔다.

2018년 9월에 열린 'FHM 2013 말레이시아 국제요리경연대회'에서 1위를 비롯해 총 7개의 상을 수상했다. 2017년 4월에 열린 'FHA 싱가포르 국제요리대회'에서는 금 1, 전시부문 동메달 2개를 비롯해 총 10개의 메달을 획득했고 같은 해 5월에 열린 'WACS 국제요리경연대회'에서는 17개의 메달과 3개의 우승트로피를 수상했다.
　　2012년 홍콩에서 개최된 '2012 이금기 요리대회'에서 대상을 수상하였으며 2011년 5월 외식조리학부 학생들로 구성된 주니어 국가대표팀이 '2011 대전 국제 소믈리에 페스티벌' 한식세계화요리경연대회에서 금, 은, 동메달 각 7개 중에서 금 4, 은 3, 동 3개 등 모두 10개의 메달을, 세계조리사연맹(WACS) 인준대회 중 하나인 '홍콩국제요리대회'에서 금 1, 은 1, 동 5, 입선 1개 등 총 8개의 메달을 수상했다.

　　우송대는 2010년 농림축산식품부로부터 한식전문인력 양성을 위한 한식조리특성화대학으로 지정된 바 있다. 외식조리학부는 음식문화를 이끌어 갈 일류조리전문가 양성을, 글로벌한식조리학과는 한식세계화를 선도할 한식 셰프 양성을 목표로 한다.
　　외식조리학부가 명품 요리사를 키우는 교육요람으로 자리매김한 것은 선진 조리교육시스템을 도입, 이론과 실습을 병행하는 차별화된 교육과정, 집중 강화 교육프로그램으로 한 과목을 집중적으로 교육하는 블록식 교육시스템 덕분이다. 이런 우송대만의 특성화된 교육과정덕분에 이론과 실기에 모두 강한 외식조리 인재가 육성된다.

 2011년에 개설된 글로벌한식조리학과는 선진화된 교육시스템을 바탕으로 정부의 한식 세계화 정책과 한류에 부응하기 위해 글로벌 한식조리 전문가 육성에 주력하고 있다. 과학적 한식을 표방하며 블록식 조리교육을 통해 기초과정부터 심화과정까지 4년간 체계적으로 한식을 공부하는 '한식심화전공 트랙'과 국내에서 한식조리와 외국어를 중점적으로 2년간 공부하고 나머지 2년간은 미국 존슨&웨일스 대학에서 외식경영을 수학하는 2+2 과정을 이수하는 '한식경영심화 유학 트랙'으로 구성된다.

 외식조리학부와 글로벌한식조리학과 학생들은 졸업과 동시에 호텔과 외식업체 등의 전문조리사로 활동하고 해외로 진출할 수 있는 경쟁력을 키우고 있다. 이외에도 식품회사 메뉴 개발실이나 푸드스타일리스트, 파티시에 등 다양한 조리 전문 인재로 진출 할 수 있도록 다양한 능력을 배양하고 있다.

 이 같은 우송대가 대전에 소재하고 있다는 것은 참으로 다행스럽고 자랑할 만 하다. '맛있는 대전'을 위해 우송대가 해야 할 일이 많다.

행사로 끝난
음식·관광 정책토론회

'춘천에 가면 닭갈비만큼은 꼭 먹어봐야 한다', '부산에 가서 돼지국밥을 먹지 않았다면 그건 실패한 부산관광이지', '제주에서 흑돼지를 안 먹어봤다고???'
그렇다면 대전은? 대전을 방문한 사람들은 뭘 먹고 싶어 할까? 칼국수? 두부두루치기, 아니면 묵?

음식을 목적으로 한 미각 관광활동이 크게 늘어나고 있고, 국내 타 도시들이 음식을 통한 관광 활성화에 심혈을 기울이고 있는 가운데 대전에서는 이 같은 노력은 좀처럼 찾아보기 힘들다.
대전시청의 업무도 관광객 유치는 대전시 마케팅공사, 음식은 식품안전과, 식재료는 농생명산업과 등으로 분장돼 있다. 각 부서의 업무가 세분화된 것은 그만한 이유가 있겠지만 '음식을 통한 관광활성화'라는 업무는 어느 부서에서 맡아야 하는가?
적어도 지난 10여 년 동안 만큼은 기자로서, 또는 음식전문기자로서 이 같은 문제점을 수없이 지적해 왔지만 이런 고민에 공감하고 고민하는 공무원은 거의 없었다.

2018년 9월 14일 대전시의회(의장 김종천) 복지환경위원회(위원장 이종호)와 (사)한국음식문화진흥연구원이 대전시의회 대회의실에서 개최한 '대전의 대표음식을 통한 관광 활성화 방안' 정책토론회는 이 같은 의제를 공론화했다는 데에서 다소 의미가 있다고 본다. 당시 토론회는 비록 제한적이긴 하지만 '대전방문의 해'를 맞아 대전의 대표 음식이 관광객 유치에 주요한 역할을 하고 있다는 공감에서 시작됐으며, 토론회 실무준비는 대전시의회 입법정책실 남문희 박사(관광경영학)가 맡았다.

　대전시의 경우 2011년 외부용역을 통해 돌솥밥과 삼계탕을 대전의 대표음식으로 선정해 도시 마케팅수단으로 활용하려 했다. 하지만 외지인은 물론 대전시민들조차 이를 인정하지 않는 분위기였다. 2015년 대전지역 인터넷신문인 '디트뉴스24'가 시민들을 상대로 대전의 대표음식에 대한 설문조사에서 응답자(1602명) 중 420명(26.2%)이 칼국수, 성심당의 튀김소보로, 도토리묵, 두부두루치기 순으로 꼽았다. 이에 따라 종전 돌솥밥과 삼계탕을 포기하고 재선정하여 도시브랜드 향상과 관광 마케팅 수단으로 삼아야한다는 여론이 지속적으로 제기돼 왔다. 특히 이를 총괄하는 대전시청의 담당부서 조정도 필요하다는 지적이 나왔다.

　당시 토론회는 필자의 '음식이 살아야 도시가 산다'는 주제 발표에 이어 이종호 대전시의회 복지환경위원장 주재로 유지상 전 중앙일보 음식전문기자, 윤설민 대전세종연구원 박사, 김덕한 대덕대 호텔외식조리과 교수, 안경자 대전소비자시민모임대표, 이은학 대전시관광과장 등이 나서 열띤 토론을 벌였다.

참가자들은 특히 대전방문의 해를 맞아, 음식으로 도시브랜드 향상과 관광객 유치에 성공한 국내외 사례를 집중 조명하고 대전에 맞는 대안을 제시했다.

대전세종연구원 윤설민 박사는 "국내에서는 1인 방송의 BJ를 통해 먹방 채널이 인기를 끌고 있고, 외국에서는 푸드투어나 쿠킹클래스를 통해, 서울은 '음식도보여행 상품'을 개발해 운영하고 있다"며 "대전만의 쿠킹클래스, 대전만의 푸드투어를 연구개발(R&D)하여 대전다운 먹방을 대전에서만 할 수 있도록 하는 진정성을 찾아야 할 것이다"라고 말했다.

비슷한 토론회는 2016, 2017년에도 열렸다.

2016년에는 (사)한국음식음식문화진흥연구원이 창립 2주년을 기념해 6월 21일 '음식자원을 활용한 대전의 도시관광·마케팅 활성화 방안'을 주제로, '음식 하나가 도시를 살린다'는 부제로 토론회를 열었다.

음식을 통해 지역 브랜드 제고와 지역경제 활성화 방안을 모색한다는 취지였다.

토론회에서는 대한민국 식품탐사전문 저널리스트로 전 채널A 먹거리X파일의 책임 프로듀서였던 이영돈 프로듀서의 '음식 하나가 도시를 살릴 수 있다'는 주제의 특강도 있었다.

　토론회에서는 우송정보대 김수경 교수(호텔관광과)의 '음식자원을 통한 대전 관광 및 마케팅 활성화 방안'을 주제로 한 기조발제에 이어 각계 전문가 7명의 열띤 토론이 이어졌다.
　토론에는 전 중앙일보 음식전문기자이자 맛있는 공작소 CRtree 대표인 유지상 음식칼럼리스트의 '음식이 사람을 움직이게 한다', 대전발전연구원 문경원 전 선임연구위원의 '대전의 음식관광과 음식마케팅의 현주소', 단국대 정책경영대학원 이희성 교수의 '음식축제와 도시마케팅'(중구 칼국수 축제를 중심으로)을 놓고 토론했다. 대전시 인석노 농생명산업과장과 당시 관광과장을 지낸 박성룡 과장도 패널로 참가해 의견을 내놓았다.
　참가자들은 "이제 관광객은 볼거리, 즐길거리보다 먹을거리에 의해 여행지를 선택하는 경향이 강해지고 있다. 타 시도에 비해 역사관광, 경관관광 자원이 부족한 대전으로서는 먹을거리를 통한 관광객 유치 로드맵이 필요한 시기다. 향후 대전에서는 실천 가능한 대안을 반드시 모색해야 한다"는데 의견을 모았다.
　하지만 토론회는 그저 토론회로 끝났다.
　대표음식, 외식업소 등을 담당하는 식품관련 부서는 아예 토론회 참석요청에 응하지도 않았다. 업무의 계획과 추진 실무를 담당하는 시청 관련부서와 예산의 편성 및 통과, 정책 제안을 맡는 의회까지 참여했지만 이후 음식과 관광을 연계한 어떠한 시책도 제시되지 않았다.
　다른 도시들은 저 만큼 앞서가고 있는데 말이다.

주식시의, 우음제방을 아십니까

'살진 진계를 내장 내어 속을 깨끗이 씻고, 술 한 잔, 기름 한 잔, 초 한 잔을 쳐서 죽침으로 질러 박고, 제육 비계 고기와 표고버섯 맛나게 넣고, 수란(水卵) 떠 넣고 탕을 금중탕(궁중탕)을 만들 듯 한다. 이것이 왜관 음식인데 기생이나 음악보다 낫다는 말이다.' -주식시의 '승기악탕' 편에서-

대전의 은진송씨 가문에 전해져 오는 조리서인 '주식시의(酒食是儀)'와 '우음제방(禹飮諸方)'이 그 희소성과 학술적 가치에도 불구, 빛을 보지 못하고 있다.

'주식시의'와 '우음제방'은 한글 필사본으로 17세기 조선을 대표하는 도학자이자 정치가, 대서예가인 동춘당 송준길(1606~1672)의 9세손인 송영노(1803~1881)의 부인 연안이씨가 처음 기록한 뒤 여러 해에 걸쳐 집필한 것. 책에는 붕어찜, 열구자탕, 승기악탕, 두텁떡, 난면(국수) 등 음식조리법 49종을 비롯해 소국주, 청화주, 두견주 등 24종의 술 빚는 방법이 상세히 기록돼 있다. 특히 책에는 금강에서 나오는 웅어회, 숭어찜을 비롯, 송순주 등 대전을 중심으로 한 전통음식이 담겨 있다.

책은 송씨가에서 존재한다는 말만 전해오다 1993년 류용환 대전시립박물관장 등에 의해 발견돼 2007년 대전시에 기탁된 뒤 현재 시립박물관 3층에 전시돼 있다.

　박물관 측은 책이 조선후기 대표 조리서인 '음식디미방'과 '규합총서(1809년)' 등과 연관성이 있는데다 충청권 최초의 조리서라는 점을 고려, 2012년 전문가들의 도움으로 완역했으나 노력은 여기서 끝이었다. 앞서 조선시대 궁중음식 전문가가 두 책을 기초로 시연회를 한번 열기는 했지만 일회성 행사로 그쳤다. 오히려 농촌진흥원이 '종가밥상'으로 이 책의 조리법을 소개했을 뿐 대전에서는 아무런 계승과 발전 노력은 없었다.

　반면 '음식디미방'의 연고지인 경상북도와 영양군은 책의 의미와 가치를 적극 홍보하는 한편 이를 지역의 신성장 동력으로 삼기 위한 세계화 사업을 추진해 왔다. 2010년에는 서울에서 음식디미방 세계화포럼 개최, 2011년 중국 상해에서 음식디미방 워크샵 및 시식연 개최, 2012년 일본 오사카 한국문화원에서 음식디미방 시식연 개최 등 국제적인 행사를 주최하기도 했다. 2015년에는 서울 중구 퇴계로 '한국의 집'에서 언론인, 외국사절단 등 800명을 초청해 시식연도 연데 이어 음식디미방 체험관·교육관·전시관 등 각종 시설물을 건립했다. 또 학술기관과 연구를 통해 음식디미방 조리법 및 전문 인력을 발굴 육성하고 있다.
　대전의 과거이자 미래인 '우음제방'과 '주식시의'가 2019년 10월 26일 제3회 대전음식문화한마당에서 사단법인 한국음식문화진흥연구원에 의해 살짝 모습을 재현하게 된 것은 그나마 다행이다.

　이번 재현 행사는 대전시 보건복지여성국 식품안전과 전미화 주무관이 '우음제방'과 '주식시의'의 정통성과 지역성, 우수성을 인식하고 이를 널리 알리고 계승 발전시키겠다는 의지를 갖고 추진했기에 가능했다.

일회성 시연행사에 그치지 말고 더 나아가 '주식시의'와 '우음제방'에 수록된 음식과 조리법을 토대로 대전의 정통 먹거리 소재를 개발할 필요가 있다. 이를 위해 요리대회를 개최하고 책의 산실인 대덕구 송촌동 동춘당에서 이 음식을 상시 재연해 판매하는 방안도 검토할 필요가 있다고 생각한다.

한기범 한남대 명예교수도 2019년 11월 28일 대전시의회 윤종명 의원이 주관한 '양반마을과 선비문화유적벨트 조성을 통한 관광 활성화 방안 마련을 위한 정책토론회'에서 "대전은 첨단과학의 요람인 동시에 선비문화의 전통이 살아 숨쉬는 도시"라며 "대전방문의 해를 맞아 우암 송시열, 동춘당 송준길, 탄옹 권시, 초려 이유태 등 조선시대 걸출한 유학자를 배출한 기호유학 본거지인 동춘당과 남간정사 등을 활용해 관광객 유치는 물론 지역 정체성을 정립하자"고 제안하기도 했다.

2019년 제3회 대전음식문화한마당에서선 보인 음식인 열구자탕과 떡찜, 승검초단자, 두텁떡, 죽순채, 송순가주 등을 간단히 소개하고자 한다.

열구자탕(悅口子湯)은 기쁠열(悅), 입구(口), 아들자(子), 끓일탕(湯)으로 말 그대로 입을 즐겁게 하는 탕을 일컫는다. 이 음식은 신선로에 여러 가지 생선과 고기, 채소를 넣고 석이버섯, 호두, 은행, 황밤, 실고추 따위를 얹은 다음에 장국을 붓고 끓이면서 먹는 음식이다.

은진 송씨가에서는 꿩고기와 쇠골, 돼지고기 등 육류를 비롯해 참게와 해삼, 전복, 대하 등의 해산물을 활용해 열구자탕을 끓여 낸 것으로 기록돼 있어 양반가문의 고급스러운 식재료와 품격을 알 수 있다.

떡찜은 궁중음식의 하나로 채 썬 쇠고기와 표고버섯을 볶다가, 삶은 사태, 양, 무, 당근을 넣고 육수를 부어 끓으면 살짝 데친 가래떡과 은행을 넣고 간장 양념하여 끓인 후 불 끄기 전에 미나리를 넣은 음식이다.

은진 송씨가의 주식시의에서는 꿩고기와 달걀을 많이 넣고 다시마와 표고를 넣어 끓인 것으로 기록돼 있으며 표고를 써는 모양과 방법까지 자세하게 기록돼 있다.

죽순채(竹筍菜)는 삶은 죽순을 얄팍얄팍하게 썰어 쇠고기 또는 돼지고기를 섞어 양념을 하여 볶은 나물을 말한다. 현대에 들어서 죽순은 제철이 아니더라도 통조림 등으로 유통돼 쉽게 구할 수 있었으나 옛날에는 봄철 한 때에만 채취할 수 있는 귀한 식재료였다.

주식시의에서는 죽순을 물에 담갔다가 고기를 많이 다져 놓고 표고버섯, 석이버섯, 갖은 양념에 참기름을 많이 치고 밀가루를 잠깐 더한다고 기록돼 있다.

승검초단자 승검초란 길이 1m가량의 일종의 약재이며 뿌리는 당귀다. 승검초단자는 생엽을 찹쌀가루 섞어 찐 뒤 꿀 팥소를 넣고 잣가루 묻힌다.

주식시의에서는 찹쌀가루에 승검초 생잎을 찌어 섞은 뒤 절구에 찧어 삶아내고 여기에 잣가루를 무친다고 씌여져 있다.

두텁떡은 거피 팥을 쪄서 간장과 꿀을 넣고 볶아 만든 거피팥고물을 뿌린 다음 찹쌀가루를 한 수저씩 놓고 소를 넣은 후 그 위에 다시 찹쌀가루를 넣고 팥고물을 얹어 찐 떡이다. 조리과정이 복잡하지만 흔히 먹을 수 있는 음식이다.

은진 송씨가에서는 여기에 계피, 호두가루를 섞고 밤과 대추, 석이버섯을 채처럼 썰어 음식의 품격을 크게 높였다. 왕의 탄신일에 빠짐없이 올랐던 떡 중에서 가장 귀한 궁중 떡이다.

송순주(松筍酒)는 은진송씨가에서 내려오는 전통 가문주로 2000년 2월 18일 대전광역시무형문화재 제9호로 지정됐다. 송순주는 소나무 새순으로 빚는 술로서, 일찍이 신선들이 즐기던 불로장생주로 알려져 왔다. 향이 독특할 뿐만 아니라 여러 가지 질병에 치료 효과가 있어서 예로부터 즐겨 마셔왔다.

각 지역마다 빚는 방법이 제각각 다르지만 은진송씨가에서는 밑술용으로 누룩가루 1되와 멥쌀 3되, 덧술용으로 찹쌀 1말과 송화(松花)가 피지 않은 송순 500g이 사용되었다고 한다.

〈특별기고〉

밖에서 본 대전음식

김화성 전 동아일보 음식·여행 전문기자

대전에 가면 입안이 영 밍밍하다. 슴슴하다. 확 '땡기는' 맛이 없다. 딱히 떠오르는 음식이 없다. 전국으로 소문 난 맛 집이 있는 것도 아니고, 그렇다고 새로운 음식을 개발했다는 말을 들어본 적도 없다. 맛 꾼들 사이에 대전은 그저 그런 곳이다. 굳이 기피대상은 아니지만, 뭘 먹으러 찾아가고 싶은 곳도 아니다.

대충 그럭저럭 한 끼 때우고 간다. 대전역 가락국수처럼 후다닥 먹어치우고 만다. 영 맛을 느낄 분위기가 아니다. 뭘 먹어도 그저 그렇다. 도대체 깊은 맛이 우러나지 않는다. 먹고 나서도 못내 아쉬워 입맛을 다시게 하는 그런 맛, 언젠가 다시 대전에 들를 때면 꼭 다시 가고 싶은 그런 집, 머릿속에 두고두고 인이 박혀, 어느 날 문득 입안에 군침이 새록새록 솟아나는 그런 음식….

왜 대전 하면 맛있는 음식이미지가 떠오르지 않을까. 대전엔 인구 80명에 한 개꼴로 밥집이 있다는데 왜 선뜻 손에 꼽을만한 식당이 없을까. 음식문화가 발달하지 않아서? 아니면 사람들이 맛에 관심이 없어서? 아니면 대전 분들은 모두 점잖아서 음식탐닉을 꺼려하기 때문에?

어느 분은 '대전은 원래 머무는 곳이 아닌 스쳐가는 곳이라 음식문화와는 거리가 멀다'고 말한다. 한식은 시간이 만들어내는 발효음식인데 진득하게 앉아 즐길 수 있는 음식이 발달할 수 없었다는 것이다. 대전을 찾는 분들은 거의 하루만에 후다닥~ 일을 마친 뒤, 뚝딱~ 밥 한 그릇 먹고, 휘리릭~ 사라진다는 것이다.

과연 그럴까? 그렇다면 왜 대전엔 이름난 패스트푸드가 없을까? 하다못해 춘천 막국수 같은 대전만의 독특한 국수집이 나오지 않는 걸까? 태백에 가면 닭 칼국수가 있고 나주에 가면 팥 칼국수가 있고, 정선 재래시장에 가면 올챙이수제비까지 있다. 서울삼청동수제비는 먹어보면 별거 아닌 것 같은 데도 온종일 그 지역 일대가 북새통이다. 이십여 년 전만 해도 두세 평 정도의 가게였는데 요즘엔 대궐 같은 한옥이다. 그 이웃 다른 집들도 덩달아 다른 걸 접고 수제비집으로 돌아섰을 정도다. 그렇다. 칼국수하나에도 지역마다 수많은 버전이 있는 것이다.

강릉경포대 백사장 같은 곳엔 서울강남, 부산해운대 달맞이고개에서나 볼 수 있는 커피전문점이 수십 개 늘어서있다. 그걸로 강릉시는 대박이 났다. 피서철이 아닌 한겨울에도 서울 젊은이들의 발길이 붐빈다. 음식은 맛도 맛이지만 이미지를 파는 것이다. 커피 맛이라는 게 서울, 부산과 강릉경포대가 차이가 나면 얼마나 날까? 속초 아바이마을은 한 동네가 온통 함흥냉면집이다. 그런데도 별 탈 없이 시끌벅적 고루 장사가 잘된다.

물론 대전에도 칼국수집이야 수도 없이 많을 것이다. 하지만 대전에 가야만 먹을 수 있는, 대전만의 독특한 칼국수는 아직까지 맛본 적이 없다. 대전식 피자, 대전식 햄버거, 대전식 샌드위치, 대전식핫도그도 들어본 적이 없다. 누구나 예상할 수 있는 칼국수, 그저 그런 피자, 서울이나 런던 뉴욕 등 세계대도시 어디서든 흔히 사먹을 수 있는 규격화된 햄버거….

요즘 선풍적인 인기를 끌고 있는 부산의 삼호어묵을 보라. 길거리 포장마차나 학교앞 구멍가게에서나 볼 수 있었던 오뎅 어묵이 한순간에 인기음식으로 떠올랐다. 제품다양화와 고급화가 그 성공 열쇠다. 호박고구마어묵, 수제어묵, 어묵볶음, 어묵모듬전골, 어묵고로케 등 보기 만해도 먹음직스럽다. 우리가 우습게 봤던 음식도 하기에 따라선 얼마든지 업그레이드 될 수 있는 것이다.

대전엔 식장산이란 산이 있다. 대전에서 가장 높은 곳(623.6m)이다. 한자로 '食藏山'이다. 백제 동성왕 때 군량미를 감추어 뒀던 데서 유래했다던가. 그럴지도 모른다. 하지만 난 그 산자락에서 만난 어느 촌로의 말에 더 마음이 간다. 그 촌로는 한결같이 '식기산(食器山)'이라고 불렀다. 그 산에 '먹을 것이 무궁무진 쏟아지는 커다란 그릇이 묻혀있다'는 것이다. 또 다른 어르신은 그게 아니라 '밥 짓는 커다란 솥이 묻혀있다'며 '식정산(食鼎山)으로 불러야한다'고 목청을 높였다.

그렇다. 식장산이든 식기산이든 또 식정산이든 대전은 그런 곳이다. 음식과 뗄 수가 없는 고을이다. 그걸 잘 가꾸고 보존해서 이어가지 못했을 뿐이다. 음식은 스토리다. 스토리가 있으면 이미지가 형성되고 그에 걸 맞는 먹거리가 나오기 마련이다.

대전은 훌륭한 음식스토리를 가지고 있다. 그런 스토리들이 오랜 세월 파묻혀 있었을 뿐이다. 좋은 스토리를 가지고 있으면서도 그걸 살리지 못한 사례가 바로 진주비빔밥이다. 진주비빔밥을 타산지석으로 삼아 대전음식을 되살려보면 어떨까.

진주비빔밥은 한때 전주비빔밥 해주비빔밥과 더불어 조선 3대 비빔밥으로 유명했다. 하지만 오늘날 진주비빔밥은 시장에서 거의 자취를 감췄다. 요즘 진주비빔밥은 진주에서도 귀하다. 진주중앙시장의 제일식당, 천황식당 등 몇 곳에서 겨우 명맥을 이어갈 뿐이다.

진주비빔밥은 1593년 6월 임진왜란 제2차 진주성전투(1592년 제1차 진주성전투에선 대승)에서 유래된 음식이다. 당시 진주성밖엔 왜군 3만7000여명이 에워싸고 있었고, 이에 대응하는 성안 조선군은 3400여명에 불과했다. 나머지는 6만 6천여의 일반백성뿐. 누가 봐도 이길 수 없는 싸움이었다. 결국 마지막 전투 전날 밤, 성안의 군관민은 '피울음을 삼키며' 성안의 모든 소를 잡아 '최후의 만찬'을 가졌다. 바가지나 대접에 찬밥, 나물, 소고기육회 등을 담은 뒤, 거기에 간장이나 고추장을 넣고 비벼서 이승의 마지막 밥을 꾸역꾸역 밀어 넣었다. 정말 먹고 싶지 않은 밥이지만, 최후의 항전을 위해 먹어야만 하는 '찬 비빔밥 한 덩이'. 진주비빔밥은 그렇게 비장한 음식이었다. 진주성은 그 다음날(1593년 6월29일) 함락됐고 7만 명에 가까운 조선군과 백성들은 갓난아이까지 왜군에게 도륙을 당했다.

전주비빔밥도 1894년 동학농민전쟁 때 비롯됐다는 설이 있다. 농민군들이 바가지나 그릇에 밥과 온갖 나물을 담아 비벼 먹거나, 이미 큰솥에서 비벼진 밥을 나눠먹기도 했다는 것이다. 그렇다면 전주비빔밥은 어떻게 살아남았을까?
　음식평론가 김찬별 씨는 단언한다. "해방 후 서울에서 진주나 해주비빔밥이 성업했다는 소리를 들은 적이 없다. 전주비빔밥은 1965년에 이미 서울에서 개업하여 성공했다. 전주비빔밥의 유명세는 5할의 전통과 5할의 외식마케팅 성공에서 기인한 것이다."

　그렇다. 한 지역의 대표음식은 그 곳에서 성공했다고 끝나는 게 아니다. 일단 서울에서 인정을 받아야한다. 서울장안 사람들의 까다로운 입맛을 사로잡아야 비로소 그 지방의 대표음식으로 대접받는다. 서울에서 한번 공인받은 음식은 다시 전국방방곡곡으로 빠르게 퍼져나가고 인정받는다. 당연히 오늘날 대한민국 각 지역의 내로라하는 대표음식점은 서울에 대부분 진출해 있다

　사람들의 입맛은 끝없이 변한다. 변덕이 죽 끓듯 한다. 아무리 전통음식이라 할지라도 시대흐름에 따라가야 한다. 진주비빔밥은 우선 그런 면에서 실패했다. '찬밥-쇠고기육회-간장-해물' 로 상징되는 진주비빔밥은 '닭고기육수로 지은 더운밥-순창고추장-삭좆 나물' 로 대표되는 전주비빔밥에 'KO패' 했다. 진주비빔밥은 새로운 개발을 통한 거듭나기에 소홀한데다 서울진출을 통한 전국화에 무심했다. 그 사이 전주비비빔밥은 언젠가부터 소고기 육회비빔밥까지 받아들여 소리 없이 전국을 평정했다.
　사람이 모이는 대전, 활력을 찾아가는 대전이 되기 위해선 '맛있는 대전' 이 돼야 한다.

4부 식탐 1
食眈:음식을 즐기다

'맛있는 대전' 즐기기

4-01 책 '대전에서 뭘 먹지'
4-02 '대전 맛 지도'의 탄생
4-03 남자야 주방으로 들어가라
4-04 아빠요리교실
4-05 세종푸드트럭페스티벌의 성공 비결
4-06 부여 황포돛배와 공주 금강교에서의 식사
4-07 서구힐링아트페스티벌의 스트리트 푸드(Street food)
4-08 여백(女百)의 미(味)

제작 | 청담공방

4-04 책 '대전에선 뭘 먹지'

대전은 '먹을 게 없다'는 말이 종종 들린다. 하지만 필자는 음식의 스토리는 있으나 텔링이 되지 않았기 때문이라고 응수한다. 각 시도 사람들이 모여 사는 대전이거늘 '먹을 게 없다'는 게 말이나 되는가?

이 같은 비판에 대응하기 위해 필자는 여러 지인들과 함께 대전의 맛집 스토리를 담은 새로운 개념의 미식서(美食書) '대전에서 뭘 먹지'라는 책을 2017년 출간한 적이 있다.

대전시의 협조를 얻어 비영리법인인 (사)한국음식문화진흥연구원(원장 이성희 음식칼럼니스트)과 공동 출간한 이 책은 기존 대전시가 발행했던 '대전의 맛 이야기'와는 사뭇 다르다. 종전 책은 대전의 대표음식, 특색음식, 구청별 추천음식, 모범음식점 등 일반 현황만을 나열했지만 이 책은 대전의 맛집 100곳을 엄선해 식당주인의 소신과 철학, 대표메뉴, 식재료, 조리비법 등 다양한 스토리를 담은 게 특징이다.

한국음식문화진흥연구원은 이 책 출간을 위해 2017년 4월부터 각계 전문가를 총 동원했다. 당시 맛집 평가와 저술에는 김규식 ㈜맥키스컴퍼니 사장, 김수경 우송정보대 호텔관광과 교수, 김미홍 푸드아카데미 원장, 박재욱 전 KAIST 홍보실장, 원세연 전 대전일보 기자(현 문화체육관광부 국민소통실), 유지상 씨알트리 대표(올리브TV 한식대첩 4 심사위원), 유투브 '맛방' 운영자인 이성희 맛칼럼니스트, 이희성 단국대 정책경영대학원 교수, 조근희 대전보건환경연구원 식의약연구부장, 최상현 한식국가대표 상비군, 황희선 KBS대전방송총국 작가(이상 가나다순)를 비롯해 필자가 참여했다.

이들은 맛집 점검을 암행평가방식으로 진행했으며 평가와 점검에 소요된 비용만도 3000만 원에 육박한다. 이들은 입 소문, 기관과 단체의 추천, 인터넷 검색과 파워블로거의 글, 모범음식점 현황 등 데이터를 바탕으로 9개월간 500~600여 군데에 대한 암행평가를 벌여 100곳을 최종 엄선했다. 책에 수록된 외식업소 100곳은 대전지역 전체의 약 0.5%에 해당한다. 책에는 선정된 업소의 맛, 서비스, 시설, 가격대비만족도 등 4개 부문에 대한 제각각 점수가 일일이 표기돼 있다. 또 상호와 메뉴별로 분류했으며, 특히 해당 업소를 찾아갈 수 있는 대전도시철도 역 및 시내버스 노선도 소개했다.

이처럼 전국 대도시에서 맛집 평가를 위해 전문가 집단으로 평가단을 구성해 암행평가를 실시한 것은 매우 드문 일로 '미식가의 성서'로 불리는 프랑스 미슐랭가이드나 최근 발간된 '미슐랭가이드 서울' 과 일부 유사한 것이다.

특히 '미슐랭가이드 서울' 의 경우 수십억원이 소요된데 반해 이책은 3000여만원으로 발간, 그야말로 '발로 쓴 책'이다.

권선택 당시 대전광역시장은 발간 축하글을 통해 "대전은 팔도(八道) 사람이 모여 살고 어느 지역보다 먹을거리가 많은데도 스토리텔링이 부족해 마치 '대전에는 먹을거리가 없다'는 인식이 팽배한 게 사실"이라며 "이번 책 출간을 계기로 대전에도 충분한 먹을거리가 있다는 사실을 시민과 외래 관광객에게 알릴 것"이라고 말했다.

책을 출간한 한국음식문화진흥연구원 측은 "책에 수록된 '전문가들이 추천하는 대전의 맛 집 100선'이 결코 대전에서 '베스트 100'이라고는 생각하지 않는다. 매년 탈락과 진입제도를 도입해 음식점들의 선의의 경쟁을 유도, 먹거리를 통한 대전의 도시 브랜드 향상에 기여하겠다"고 밝혔다.(하지만 예산부족으로 이후 더 이상 출간을 할 수 없었다.)

'대전 맛 지도'의 탄생

2017년 책 '대전에서 뭘 먹지' 출간에 이어 2018년에는 대전의 맛지도가 제작됐다. 대전의 우수 음식점을 소개하는 지도책이다.

한국음식문화진흥연구원과 공동으로 제작한 맛 지도는 '2019년 대전 방문의 해'를 맞아 대전지역 먹거리 콘텐츠 홍보를 통한 관광객 유치와 지역 외식업소 경쟁력 향상을 위해서였다.

3년여에 걸친 작업 끝에 발간된 '대전 맛 지도 2019년판'에는 대전지역 외식업소 중 각계 전문가들이 맛, 가격, 서비스, 가격 대비 만족도를 평가해 상위 1%에 포함된 229개 업소를 수록했다.

'대전 맛지도 2019년판'은 2절지 전면 컬러로 제작됐다. 전면에는 대전 지도에 229개 업소에서 판매되는 주 메뉴 사진이 가게 위치별로 표시돼 있다. 뒷면에는 상호 가나다별, 지역별, 메뉴별 목록과 맛, 가격, 서비스, 가격 대비 만족도 평가가 '★'표 숫자로 상세하게 기록되어 있다.

특히 대전 맛지도는 관(官)이 아닌 민간부문 각계 전문가의 공정한 평가를 통해 제작됐다는 점에서 의의를 찾을 수 있을 것이다. 맛지도 발간이 지역 외식업계의 선의의 경쟁을 통한 질적 향상은 물론이고 대전지역 관광 및 지역경제 활성화에도 크게 기여할 것으로 기대된다.

책 '대전에서 뭘 먹지'와 '대전 맛지도'에 동시에 수록된 대전의 대표적인 맛 집과 먹거리는 책부록을 통해 소개한다.

남자야 주방으로 들어가라

　남자가 주방으로 들어가는 것은 단순한 가사 분담차원만이 아니다. 가족과의 소통이자, 자신을 행복하게 만드는 일이다.

　서점에 가보자. 요리책이 엄청 늘었다. 하지만 요리책은 여성 코너에 비치돼 있다. 요리는 여성의 전유물이라 생각하기 때문이다. 과연 그런가. 조선후기 대령숙수가 남자였으며, 외국뿐만 아니라 국내 특, 1급 유명 호텔 주방장은 대부분 남자다. 물론 주방의 일이 여성으로서 감당하기 어려운 중노동적 측면도 없는 것은 아니지만, 아직까지도 요리는 여성의 몫으로 여겨지고 있는 분위기다.

　한국사회에서 주방을 여성이 전담한다는 것은 가부장적 관습 중 하나다. 남자들도 집안에서 쉽게 요리할 수 있다는 것을 느끼고 경험해야 한다. 하루에 30분만, 아니 일주일에 30분만 주방으로 들어가자. 그러면 가정의 분위기가 달라진다. 무엇이 달라지는지 좀 더 구체적으로 말하자면,

　첫째, 창의적으로 변한다. 남자가 주방에서 요리하기 위해선 메뉴를 생각하게 되고 필요한 식자재를 구입하게 된다. 그렇다면 당연히 시장에 가게 되며 색다른 경험도 하게 된다. 식재료를 보면서 머릿속에서는 다양한 생각을 하게 된다. 식재료가 조리과정을 거쳐 음식으로 변신해 식탁으로 오르는 연상을 하게 된다. 창의적으로 바뀔 수 있다는 얘기다.

　둘째, 매일매일 반복되는 아내의 지긋지긋한 가사를 남편이 분담해줄 수 있다. 요리는 좋아하는 아내들을

제외하곤 요리는 대부분은 매일 반복되는 지루한 노동이다. 괴로워할 수도 있다. 이 일을 남편이, 남자가 대신해 준다고 생각해보라. 아내의 고충도 이해하고 일도 덜어주고. 당연히 가정이 편안해질 수 밖에.

셋째, 가족 구성원과의 대화가 늘어난다. 남편이, 아빠가 만든 음식, 아이들의 평가는 어떨까. 그 표정 속에서 행복을 느낀다. 음식에 반응하며 대화가 늘어난다.

그러나 무엇보다 자아 성취감이다. 양념만 달리해도, 재료만 달리해도 달라지는 요리의 세계는 곧 창작이고 창조다. 그 오묘한 변화와 맛의 심도를 깨달았을 때 요리는 곧 무(無)에서 유(有로)의 창조임을 느낄 것이다.

그럼 지금 당장 무엇을 어찌하면 될까?

먼저, 주방을 가만히 들여다보자. 어디에 무엇이 있는지…. 식기는 어디에 있고, 후라이팬은 어떤 종류가 있는지 보자. 냉장고도, 냉동실도 열어보자. 내가 어제, 오늘 무엇을 먹었는지, 아내는 어떤 재료로 요리를 한 것인지….

그리고 시도해보자. 집안 냉동실에 있는, 또는 냉장실에 있는 재료(아내가 자주 사용하지 않거나, 아예 처박아 놓고 있는 재료)를 꺼내 지지든, 볶는, 삶든 해보자. 시작이 곧 반이다. 그리고 먹어보고 먹여보자. 당신은 이미 달라진 사람이 될 것이다.

대형할인매장이나 마트에서 2000원짜리 또르띠에(케밥이나 얇은 피자를 만들 때 사용하는 밀가루 전병) 몇 장을 사서 그 위에 어느 집에나 있는 토마토 케찹 얇게 덧씌우고 냉장고에 있는 김치나 버섯이 있으면 쏭쏭 썰어 넣고, 네모난 치즈든 모짤레라 치즈든 살짝 덮어 전자레인지에 3분만 돌리면 바로 '아빠표 피자'가 태어난다.

'어머니 손맛'이라고만 되새기며 감상에 빠지지 말고 그 어머니를 생각하며 가장 맛있게 먹었던 음식을 직접 해보자. 아니면 식당에서 먹었던 음식 중에서 입안에 잔향이 남아있는 것을 선택해 도전해보자. 무엇이 두려우랴, 인터넷에 다 있는데.

오늘 저녁은, 아니면 이번 주말에는 무얼 먹지? 시작이 반이다. 당신이 더욱 훌륭한 조리사라는 것을 느끼게 될 것이다.

아빠요리교실

'요리하는 남자', '요리하는 기자'라는 닉네임이 붙은 지 20여 년은 된 것 같다. 그래서인지 종종 방송출연 요청과 함께 아빠요리교실 개설 요청을 받는다.

방송은 대부분 요리하게 된 이유, 요리한 이후의 변화 등을 주로 이야기 소재로 삼는다. 다만 아빠요리교실 개설은 준비에 많은 시간이 소요되는데다 '요리솜씨가 가르칠 정도까지는 아니다'라는 생각에 주춤할 때가 많다. 하지만 '남자들이 주방으로 들어가야 한다'는 말을 입버릇처럼 한 터라 이런 요청을 오랫동안 거부하기에도 좀 버거웠다.

2018년 1월부터 3월까지 10차례에 걸쳐 대전평생교육진흥원 시민대학에서 개설한 아빠요리교실인 '주방으로 들어가는 남자' 강좌는 이런 연유로 시작됐다.

평소 잘 알고 지내는 금홍섭 대전평생교육진흥원장과 대화 중 시민대학에 아빠들만의 요리교실을 개설해보자고 얘기가 나와 이를 추진하게 됐다.

아빠요리교실 참가자
(왼쪽부터 금홍섭, 안용주, 신원식, 조용래, 이성희, 박종호, 이재관, 박종민)

우선 대상자 선정부터 고민이었다. 평소 요리를 배우고 싶다고 한 홍성고교 친구 이성희 당시 대전지방검찰청 차장검사(현 담박로펌 변호사)가 매번 요리강습 이야기를 한 터라 대상자 1순위로 꼽았다. 이어 맥키스컴퍼니 조웅래 회장도 집에서 가끔 요리한다는 얘기를 들은 터라 대상자로 염두하고 있었다. 게다가 당시 필자는 충남 공주시 상신리 계룡산도예촌에서 도자기를 배우고 있던 터라 스승격인 이소도예 임성호 작가도 대상에 포함시키고 싶었다. 음식과 도자기의 연관성 때문이었다.

이왕 이렇게 된 바에야 대전지역 각계각층의 오피니언 리더들을 중심으로 아빠요리교실을 개설할 경우 전파력이 강력하고 지역에 '남자도 요리하는 분위기'를 조성할 수 있을 것으로 생각했다. 그리고 필자와 평소 부담 없이 지내온 인사들을 선정해야 내 실수도 인정받을 수 있을 것으로 생각했다. 또 인원은 강습하기 좋은 정도로 딱 10명만 하기로 했다.

그렇게 선택한 당사자는 박종민 당시 둔산경찰서장, 신원식 대전MBC사장, 김학만 우송대 대외협력처장, 윤영훈 대원씨엔씨 변호사, 안용주 당시 대전마케팅공사 상임이사(선문대 교수), 이재관 당시 대전시 행정부시장(행정안전부 지방자치분권실장), 박종호 산림청장(당시 산림청 차장)을 비롯해 이성희, 조웅래, 임성호 작가 등 모두 10명이었다.

박종민 서장은 평소 형 아우 사이이고, 신원식 사장님은 언론계 선배이면서 옛날 같은 아파트 같은 동, 같은 라인 위 아래 살았다. 김 처장님은 요리의 특화대학 우송대에 근무하고 계신데다 윤 변호사는 옛 판사와 홍성지원장 할 때에도 가깝게 지낸 사이다. 이 실장님 역시 세종푸드트럭페스티벌 탄생의 산 주역이고, 박종호 차장님은 필자가 평소 존경하는 인물이기도 하다.

강습은 모두 10차례, 그리고 메뉴 선정은 손님 접대하기에 좋은, 그러면서도 집에서는 잘 안 해 먹는, 요리하기에는 쉽지만 막상 만들고 나면 근사하게 보이는 그런 메뉴만을 골랐다.

시작한 계절이 겨울이어서 제철을 맞은 굴요리(굴전, 굴물회, 굴떡국 등)로 시작해 전복죽, 안동찜닭, 밀푀유나베, 냉이꼬막무침, 잔치국수, 배추전, 일본식

계란말이, 새우볶음밥, 계란탕, 샌드위치 등 3시간 강습시간을 감안해 하루 1, 2가지를 진행했다.

가끔 요리를 해본 학생(?)들은 제법 익숙한 요리 솜씨를 보여줬다. 이성희 변호사나 신원식 선배, 안용주 교수님 등은 한두 번 해본 요리솜씨가 아니었다.
하지만 …………….
세상에나~. 달걀지단을 만들면서 프라이팬에 기름을 두르지 않을 것이라곤 꿈에도 생각해보지 못했다. 맨 프라이팬에 달걀을 올려놓은 것을 보고 수강생 모두 박장대소했다. 칼질을 할 때에는 조마조마했다. 냄비의 물이 끓어 넘치면 당연히 뚜껑을 열어야 하는 것 아닌가? '푸하하하'다.

2019 대전평생교육진흥원 아빠요리교실 실습 메뉴(2019.1.8.~3.26)

메뉴명	강습일자(2019)
굴요리(굴전, 굴물회, 굴떡국, 굴젓)	1.8
잔치국수	1.15
배추전	1.22
전복죽	1.29
일본식 계란말이, 굴 떡국	2.12
안동찜닭	2.19
밀푀유나베	2.26
잡채	3.5
꼬막요리(냉이무침, 볶음밥)	3.12
새우볶음밥	3.19
달걀탕	3.19
삼색샌드위치	3.26

우여곡절 끝에 요리로 완성되어지면 사진 찍기에 여념이 없다. 스스로 우쭐해지는 표정이 역력했다. 다 만든 음식은 시식 한 뒤 집으로 가지고 가 가족들에게 '귀여움'을 받는 호사도 누렸다.
박종호 산림청장은 닭요리를 좋아하는 서울에 사는 딸을 위해 몇 번의 안동찜닭을 했다고 한다. 이성희 변호사도 토요일만 되면 굴전을 비롯해 다양한 요리

를 집에서 한다며 완성된 사진을 단톡방에 올렸다. 심지어 아내가 '이번주 음식은 뭐야'라고 물을 정도라고 한다.

임성호 작가는 제자들이 도예촌으로 찾아올 때마다 밀푀유나베로 넋을 잃게 만든다며 자랑이다. 신원식 사장님은 요리솜씨를 타고난 것 같았다. 아주 섬세하다. 가족이 많은 박종민 서장은 완성된 요리를 자신이 맛보는 것보다 가족들에게 맛 보도록 하는 것을 정말로 좋아하는 착한 남편이자 아빠인 것 같았다. 한 번도 주방에 들어가보지도, 칼을 잡아보지도 않았다는 윤영훈 변호사는 종강이 다가올 무렵 칼솜씨가 제법 늘었다.

바쁜 이재관 실장, 조응래 회장도 즐거워했다.

아빠요리교실은 2011년에도 사단법인 한 자녀 더 갖기 운동연합 대전시본부, 대전YWCA 여성인력개발센터와 연계해 몇 차례 개설해 본적이 있다.

주로 가르치는 메뉴는 집에서도 쉽게 할 수 있고 아이들이 선호하는 탕수육과 고구마 맛탕 등이었다.

요리를 마친 아빠들은 행복해한다. 그리고 또 하고자 한다. 분명 지금은 새로운 요리에 도전하고 있을 것이다. 그래서 가정은 더욱 행복해졌을 것으로 필자는 확신한다.

세종푸드트럭페스티벌의 성공 비결

 2015년에 처음 시작된 세종푸드트럭페스티벌이 매년 성공대박을 이어가고 있다. 매년 10월 세종축제가 열리는 기간에 부대행사로 시작한 이 축제는 이제 세종 축제의 트레이드마크처럼 인식되고 있다. 1억 원도 채 안 되는 예산으로 매년 4~5만 명 이상이 찾는 매력적인 축제로 자리 잡았다.

 세종푸드트럭페스티벌이 성공을 거두게 된 것은 우선 불패(不敗) 아이콘인 '먹는 아이템'을 소재로 했다는 점이다. 특히 전국 17개 시도에서 평균 연령이 가장 적은(36.7세) 세종시 젊은층을 겨냥한 푸드트럭 음식을 제시했다는 점도 성공비결 중 하나로 판단된다.

 세종푸드트럭페스티벌을 처음 기획하게 된 것은 청년들의 소자본 창업을 위해 푸드트럭의 규제를 완화하고 활성화하겠다고

밝힌 2015년부터다. 당시 푸드트럭은 전국 시도마다 1, 2개가 전부였으며 그나마 트럭의 디자인이나 크기, 그리고 취급하는 메뉴도 '밥차' 수준에서 크게 벗어나지 못했다.

때마침 2015년 세종시에서는 행정안전부 주관으로 지방자치박람회를 준비하고 있었다. 당시 필자는 '전국에 있는 푸드트럭을 세종시에 한번 모아놓으면 어떨까라' 는 발상을 한 적이 있다. 세종에 정부부처가 밀집해 있고, 젊은 층도 많이 살고 있는데다 상가 등이 활성화되지 않아 젊은 층이 특히 다양한 음식에 목말라 있을 것이라는 생각에서다. 필자는 이 같은 생각을 나름대로 파워포인트로 정리해 놓고 있었다.

처음에는 세종이 아닌 인구가 많은 대전에서, 그것도 지방자치단체 예산이 소요되는 축제가 아닌 식품, 자동차, 타이어 등 음식 및 트럭 관련 민간자본을 유치해 개최하고 싶었다. 이에 따라 당시 이명완 대전마케팅공사 사장, 이승찬 ㈜계룡건설 대표(당시 부사장), 정대식 ㈜금성백조 사장(당시 부사장), 김규식 맥키스컴퍼니 사장(당시 전무)을 비롯해 지역 기업 인사와 몇몇 축제전문가가 모인 자리를 마련해, 음식축제의 필요성을 설명하며 대전에서 푸드트럭페스티벌을 개최할 것을 제안했으나 이후 진척이 없었다. 사실상 거절 당한 셈이다.

이후 개최장소를 다시 세종시로 정하고 김정규 ㈜타이어뱅크 회장에게 축제의 의미를 설명하고 축제 예산을 투자해줄 것을 요청했으나 역시 거절당했다.

이런 와중에 당시 세종시 행정부시장이었던 이재관 현 행정안전부 지방자치분권실장과 김재근 세종시 대변인을 대전 유성구 반석동의 한 중국식당에서 만나 저녁식사를 하는 자리에서 이 같은 생각을 지나가는 말로 건넸다. 사소한 의견 개진이었으나 이 실장은 이를 놓치지 않고 즉각 이춘희 세종특별자치시장에게 보고한 뒤 불과 이틀 만에 세종시의회 의원을 설득해 소요예산 5000만 원을 편성하기에 이르렀다. 지금도 그런 생각이지만 이 실장의 사람에 대한 신뢰와 조용하면서도 강력한 일 추진력에 대해 그저 감탄할 따름이다. 세종푸드트럭페스티벌이 열리게 된 뒷이야기다.

이렇게 시작된 페스티벌은 이제 전국 최초, 최대 규모의 푸드트럭페스티벌로 성장하게 됐으며 세종지역 경제활성화 및 지역 브랜드 향상에도 크게 기여하고 있다는 평가를 받고 있다.

축제가 열릴 때면 세종호수공원 푸른들판에는 남녀노소 구분 없이 전국에서 몰려온 가족단위 방문객들이 트럭에서 만들어지는 요술 같은 음식을 먹으며 즐거운 시간을 보낸다. 젊은 층이 많이 사는 세종시답게 축제가 열리는 호수공원에는 유모차 행렬이 끊이질 않는다.

축제는 매년 주제도 새롭게 정해진다. 첫 해에는 청년창업을, 2016년에는 '한 평에서의 젊은 꿈', 2017년은 '세상의 모든 먹을 것' 이 주제였다. 2018년에는 '요리 아는 세종, 요리하는 세종'을 주제로 요리를 배우려는, 또는 배우려하는 트렌드를 반영했다. 2019년에는 푸드트럭 음식에 대한 새로운 도전을 제시한 '새로운 음식의 등용문' 으로 주제를 정했다.

갈수록 축제 프로그램도 업데이트 했다.

그 중 하나가 'No 플라스틱' 축제의 진행이었다. 국내 축제에서 유례없이 일회용 플라스틱과 비닐빨대, 코팅 종이컵을 없앤 축제로 기록됐다. 행사 주최 측은 푸드트럭 업체를 심사선정하면서 일회용 플라스틱 컵과 포크, 비닐 빨대 사용업체에 대해 입점 제한 조건을 내걸었다. 또 코팅된 종이 및 금박용기 대신 친환경 용기를 사용하도록 했다. 이에 따라 입점 희망 푸드트럭들은 녹말로 제작된 컵과 빨대 등을 사용하고 쓰레기 발생량도 최대한 억제했다.

　일반 종이컵의 경우 시중에서 개당 40원 꼴 정도였지만 축제에 참가하는 차량들은 이보다 7, 8배 비싼 친환경소재 종이컵을 사용해야 했다. 빨대의 경우 비닐이나 플라스틱 대신 역시 가격이 10배가량 비싼 종이빨대를 사용했다.

　축제는 지역상권 소비 촉진을 통해 지역경제 활성화에 크게 기여한 것으로 나타났다.

　2019년 제5회 세종푸드트럭페스티벌의 경우 주최 측이 행사에 참가한 40대 차량 업체 대표를 상대로 일대일 전수 설문조사한 결과, 세종푸드트럭페스티벌이 세종축제 기간 먹거리 제공 외에 '지역 개발형 축제'로 자리 잡았다고 할 수 있는 유의미한 데이터가 나왔다.

　조사 결과 이 기간에 40개 업체의 총 매출액은 4억765만 원으로 업체당 평균 매출액은 1020만 원에 달했다. 이는 2018년 790만 원에서 29.1%가량 증가한 것이며, 2017년 제3회 때(1079만 원)보다는 다소 줄어든 것이다.

　또 참가 업체가 행사 기간에 세종시에서 지출한 식재료 구입비, 숙박비, 교통비, 식대, 주유비 등은 모두 1억1394만 원으로 전체 매출액의 27.9%를 차지했다. 이는 하루 평균 2848만 원으로 세종시 싱싱장터 2018년 하루 평균 매출액(6520만 원)의 43.6%에 해당하는 것이다. 특히 백화점과 대형마트의 지역상품 구매 가이드라인(2016년 대전 기준 총 매출액의 7% 선)을 훨씬 뛰어넘는 것이었다.

　주최 측은 축제 기간 동안 세종시의 '싱싱장터' 이용 활성화를 위해 참가 업체에 세종 로컬푸드 이용을 적극 권장하고, 배달 전문 인력을 고용해 수시로 식재료를 공급하기도 했다.

　숙박 장소를 묻는 질문에서는 40개 트럭 중 23개 팀(75명)이 세종시에서 숙박했으며, 5개 팀은 대전, 청주 등 세종 인근에서 숙박했다. 또 업체당 1, 2명씩 세종지역 대학생 등을 아르바이트생으로 고용한 것으로 파악돼 행사 주최 측이 고용한 15명을 포함하면 이 기간에 모두 70~80명이 세종푸드트럭페스티벌 현장에서 파트타임으로 일했던 것으로 나타났다.

세종시의 도시 브랜드도 향상됐을 것이라는 분석도 나왔다. 2019년 처음으로 세종푸드트럭페스티벌에 참가했다는 한 푸드트럭 운영자는 "말로만 '살기 좋은 세종시, 행정중심복합도시'라고 들었다"며 "막상 세종시에서 닷새 동안 생활해 보니 정말 살기 좋은 도시라는 생각이 들었다"고 했다.

세종푸드트럭페스티벌에 참가한 트럭들은 축제가 끝난 이후에는 매년 리멤버 행사를 갖는다. 축제에 참가했던 푸드트럭들은 한 달 후 인 11월 세종시를 다시 방문해 사회복지시설 등에서 푸드트럭 음식을 무료로 나눠주는 '리멤버 세종푸드트럭' 행사를 연다. 2016년, 2017년에 이어 이들은 세종시 영명보육원(연서면), 장애인 시설인 노아의 집, 요나의 집, 정신요양시설인 방주의 집, 노숙인 시설인 금이성마을(이상 전동면)을 방문해 피자와 호떡, 핫도그, 추로스, 닭강정 등을 무료로 제공한다. 또 봉사활동을 마친 뒤 자체평가를 통해 문제점과 개선 방안에 대해 논의한 뒤 우수 트럭에게는 상도 주는 행사를 갖는다.

리멤버 행사를 주도해온 추러스팩토리 서성석 대표(세종시)는 "수익금 일부를 수익 제공 지역에 환원하고 미처 행사장을 찾지 못한 사회복지시설 어린이 등 소외계층을 위로하자는 취지"라고 설명했다.

이처럼 푸드트럭 운영자에게는 이익을, 방문객에게는 색다른 음식을 제공하는 세종푸드트럭 페스티벌은 참가하려는 업체들의 경쟁도 치열하다.

2018년에는 전국 38개 도시에서 159대가 응모해 전문가를 통한 엄정한 심사를 통해 최종 50대가 선발됐다. 세종시 등록차량에 참가 우선권을 부여하니 경쟁률은 5대1에 육박한다. 2019년에는 전국에서 축제일정이 많이 겹쳐 89대가 신청해 40대가 최종 선발됐다. 특히 이 축제의 경우 전년도 전문가 평가에서 상위 20% 우수 트럭은 자동 참가 기회가 주어지며, 반대로 하위 20%로 선정된 업체는 출전조차 하지 못하는 보기드문 선정 시스템을 적용하고 있다.

전문가 심사는 축제, 관광, 위생, 이벤트, 디자인, 서비스 부문으로 이뤄지며 현장 평가도 암행과 공개 방식으로 이뤄진다.

부여 황포돛배와 공주 금강교에서의 식사

　2019년 6월 싱가포르를 4박5일간 방문했을 때 꼭 경험하고 싶은 일 중 하나를 하지 못하고 왔다. 싱가포르를 방문한 것은 리조트 월드인 센토사 섬의 테마파크와 국가정원으로 불리는 가든스바이더베이 (Gardens by the bay) 정원을 벤치마킹하기 위해서였다. 싱가포르를 여행하기로 할 때부터 그곳의 명물인 케이블카를 타고 코스음식을 먹는 프로그램을 해보고 싶었다.
　이 상품은 싱가포르의 본토 페이버 피크에서 케이블카를 타고 센토사 섬까지 3회 왕복 운행하면서 애피타이저, 스프, 메인, 디저트까지 4개 코스 저녁식사를 하는 프로그램이다. 음식 서빙은 케이블카가 반환점인 정거장에 도착하는 순간 승객이 타고 내리기 위해 천천히 움직이는 순간을 이용해 직원들이 신속하게 진행한다. 가격은 메뉴에 따라 다소 차이가 있지만 프라이빗 케이블카를 이용할 경우 1인당 20만 원대에 이뤄진다.
　360도 사방이 탁 트인 케이블카를 타고 석양이 지는 광경, 페이버 피크, 발아래 펼쳐진 유니버설 스튜디어, 센토사 섬, 그리고 싱가포르의 스카이라인 등을 감상하며 저녁식사를 하는 '싱가포르 스카이 다이닝'은 누구나 한번쯤 경험하고 싶은 특별한 만찬이다.

　싱가포르에는 이 뿐만 아니라 플라이어 스카이 다이닝이라는 프로그램도 있다. 마리나베이 인근에 있는 아시아에서 가장 큰 관람차를 타고 아름다운 싱가포르 도시 전경을 즐기면서 식사하는 것이다. 4코스의 메뉴를 즐기는 동안 대 관람차는 모두 2회 돌게 되며 관람차 내에서 모든 메뉴가 서빙된다. 콜리어 부두는 물론 플러트, 에스플라네이드 극장, 머라이언 공원, F1 서킷경기장, 헬릭스 다리, 마리나베이 샌즈 등 싱가포르의 명소들을 최고 165m 높이에서 감상하며 식사를 할 수 있으니 얼마나 매력적인가.

　필자가 이 식사를 하지 못한 이유는 가격이 만만치 않았던 이유도 있지만 무엇보다 예약이 꽉 차 있었기 때문이다. 어쩌면 다행(?)이었는지도 모른다.
　하지만 먹어보고 싶은 음식이나 음식과 관련된 콘텐츠라면 빚을 내서라도 어디든 찾아가고, 무엇이든 알아보고, 뭐라도 먹어 보려는 필자에게 아쉬운 마음이 더 컸다.
　'도대체 누가 케이블카 안에서 식사를 제공하는 매력적인 상품으로 만들고, 아울러 수익도 올리겠다는 발상을 했을까?' 귀국하는 항공기에서 몇 번이고 했던 생각이다.

　스카이다이닝의 경우 어림 눈짐작으로 일반 승객 케이블카 4, 5개 사이사이에 식사를 할 수 있는 전용 케이블카가 설치돼 있던 것 같다. 플라이어 스카이 다이닝도 마찬가지일 것으로 보인다. 현지 관계자에 의하면 대개 비수기는 3일, 성수기는 2개월까지 예약이 밀려 있다고 한다.
　새로운 곳에서, 전혀 예상치 않았던 곳에서의 새로운 식사경험은 누구에게나 호기심을 불러 일으킬만 하다.

충청권에서도 비슷한 프로그램이 있다.

충남 부여 백마강(금강) 주변에서 운행하는 황포돛배에서 식사하는 '황포돛배에서의 식사'와 공주 금강교 위에서 매년 백제문화제 때 펼쳐지는 금강교위에서의 '다리위의 향연', 그리고 간헐적으로 열리는 대전 엑스포다리 위의 '다리위의 향연'이 그것이다.

세 프로그램은 모두 충청권에서의 이색 다이닝(Dinning) 프로그램으로 평가받고 있다.

황포돛배위에서의 식사는 문화체육관광부와 한국관광공사가 국내 관광 활성화를 위해 추진하는 기획사업 '대한민국 테마여행 10선' 사업 중 제9권역(대전, 충남 공주·부여, 전북 익산) PM단장을 맡고 있는 정 교수와 실무팀장인 남길현 배재대 이벤트연구소 팀장의 작품이다. 백제역사문화권인 금강줄기 지역 관광활성화를 위해 미각 콘텐츠를 반영, '금강역사식후경'(錦江歷史食後景)이라는 이름으로 이 같은 사업을 진행한 것.

2018년 처음 진행됐으나 현재 상설 프로그램은 아니다. 당시 참가자들은 오후 4시경 부여 구드래 나루터로 이동해 백마강을 유유자적 운행하는 황포돛배에 몸을 싣고 낙화암과 고란사가 있는 부소산성에 오른다. 의자왕이 즐겨 마셨다는 고란사의 약수로 목을 축이고, 다시 배에 올라 백마강(금강) 서쪽 끝자락에 노을이 질 무렵 식사를 즐기며 여행의 절정을 맞이하게 된다.

식사는 부여 향토음식을 도시락 형태로 만들어 제공됐다. 배에 올라 식사를 즐길 수 있는 인원은 40여 명으로 한정돼 있어 프로그램이 진행될 때 마다 매진될 정도로 인기를 끌었다.

자료 : 부여군

공주 금강교 위에서의 식사도 매년 백제문화제 때 공주지역의 '킬러 콘텐츠'(Killer Contents; 대표 프로그램) 중 하나로 꼽힐 정도로 인기를 끌었다.

이 행사는 1933년 건설된 금강교 위에서 아름다운 공산성의 야경과 석양으로 물드는 금강을 바라보며 다양한 공연과 백제 역사가 담긴 음식을 즐기는 이색적인 프로그램이다.

만찬은 안연옥 공주연우당 대표(공주관광협회장)가 지역 토착음식과 백제시대 다소 고증된 음식을 바탕으로 전통과 미래를 조화시킨 '백제정찬'을 준비했다.

메인 메뉴는 매년 다르지만 2019년의 경우 견과류 연잎밥이었다. 또 국내에서는 보기 드문 꿩으로 육수를 낸 꿩탕이 준비됐으며 어린이손님을 위해 한우를 곱게 다져 만든 너비아니도 제공됐다. 이밖에 참나물과 어린 새우로 만든 토하젓, 마찜, 더덕무침, 연잎 장아찌, 동치미와 도루묵식혜가 제공됐다.

시시각각 변하는 석양 모습과 풍광은 보는 것만으로도 환상적인데 여기에 정찬이라니…. 백제문화제 때에만 열리는 특별 프로그램이어서 관광객들은 다리 위의 향연이 열리는 백제문화제를 손꼽아 기다린다.

서구 힐링아트페스티벌의 스트리트 푸드(Street food)

대전에서 열리는 축제 중 주제와 음식과의 조화가 그나마 어울리는 축제는 대전 서구힐링 아트페스티벌이다. 2016년 시작돼 매년 5월 대전시청에서 정부대전청사 사이 보라매공원과 샘머리공원에서 열리는 이 축제는 배재대 관광축제대학원 정강환 교수가 제안해 2016년부터 시작됐다.

정 교수는 미국 텍사스의 포스워스 메인스트리트 아트페스티벌을 벤치마킹해 이 축제를 만들었다. 이 축제는 '축제 올림픽'이라 열리는 세계축제이벤트협회(IFEA) 시상식에서 최우수경영대상을 받았다. 예술축제로서 도시에 활력을 불어넣었다는 평가를 받은 것이다. 아트를 주제로 한 축제를 30년 이상 진행하면서 범죄율이 낮아지고, 도시 디자인이 좋아지는 등 아트를 통해 도심을 살린 검증된 축제라는 평가다.

정 교수는 대전 서구의 경우 최근 5년간 인구수가 1만 명이상 감소했고, 상권 매출액 크게 줄었으며, 노후 아파트도 증가하는 등 도심의 전형적인 쇠퇴현상이 나타난 점에 주목했다.

하지만 서구만의 특화된 소재가 있었다. 문화행사가 서울 다음으로 대전이 가장 많은 데 그중 서구가 많았다는 점, 화이트 칼라 계층이 많아 소득수준이 상대적으로 높고 젊은 층도 많다는 점, 여기에 대전예술의 전당, 시립미술관, 이응노미술관 등이 밀집해 있다는 점에 착한해 예술행사가 서구를 살릴 수 있다고 판단한 것이다.

서구 둔산지역의 쇠퇴현상 해결방안에 골몰해 온 장종태 서구청장도 이 같은 제안을 전격 수용했다. 장 구청장은 "예술을 소재로 일상에 지친 사람을 치유하고 발전 한계에 봉착한 서구 둔산동 일대의 도시재생을 이룬다는 취지에 공감한다"며 "더욱이 최신 트렌드를 반영한 도심 속 문화예술축제는 꼭 필요한 축제"라고 밝혔다.

축제장은 힐링아트마켓, 아트트리, 아트 빛 터널이 대표 프로그램으로 구성됐다. 전국에서 활동하는 예술가들이 운영하는 아트마켓을 통해 다양한 예술작품을 관람 및 구매할 수 있고 기업과 기관 등의 단체가 참여하는 아트트리와 아트 빛 터널은 관람객에게 멋진 볼거리를 제공했다. 아트마켓에서 판매되는 예술품도 문턱을 크게 낮춘 가격대여서 '내 집에도 예술가의 작품하나'라는 축제 취지에 걸맞는다.

필자는 동아일보에 이 축제를 기사화하면서 '슬리퍼 축제'라는 표현도 썼다. 축제장과 가까운 아파트 단지에 사는 시민들이 가벼운 반바지에 슬리퍼 차림으로 축제장을 방문, 편안하게 관람하며 작품을 부담없이 구입할 수 있는 축제였기 때문이다.

특히 축제장에 들어선 음식부스의 경우 힐링(healing)과 아트(art)라는 콘텐츠에 걸맞게 국물 요리 대신 완제품 및 완전조리, 반 조리 제품 위주의 '국물 없는 요리'가 주류를 이뤘다. 예술작품을 감상하고 걸어 다니면서도 음식을 먹을 수 있도록 간편음식으로 구성했다. 이를 흔히 '스트리트 푸드'(Street food), 또는 '핑거 푸드'(Finger food)라고도 한다.

구청 측은 음식부스 조성과 메뉴 구성을 위해 사전 조사와 함께 깨끗한 부스 환경을 위해 음식부스의 급배수 시설, 전기, 인력배치 등을 사전에 충분히 검토했다. 축제장에서 단골로 등장하는 푸드트럭도 적절하게 배치했다.

이로 인해 축제장은 음식물 쓰레기가 거의 사라지고 많은 사람들이 작품을 관람하면서 편안하게 음식도 먹을 수 있는 풍경이 목격됐다.

대전 서구힐링아트페스티벌에서 음식부스 이용자 300여 명에 대해 설문조사를 실시한 바 있는데, 축제장에서의 바람직한 음식부스에 대한 운영 전략과 대안을 제시해보고 싶어서였다. 2018년 봄에 실시한 설문조사는 향후 국내 축제장 음식부스의 운영 전략에 시사하는 점이 있다고 판단한다.

설문조사결과, 축제장 음식부스는 대부분 야외에 설치된 임시 식음료 제공시설로서 일시적으로 운영하는 '간이식당'이라는 점을 고려할 때 방문객들은 청결과 위생, 식 재료 신선도 유지에 특히 관심이 많았다. 축제장의 음식부스는 제한된 조리공간이라는 한계 때문에 순간적으로 많은 인파가 몰리는 시간에는 식탁

은 물론, 물병이나 물컵, 식기 등의 청결을 유지하기가 어렵다. 또한 음식부스 안팎에서 발생하는 쓰레기도 제때 처리하는 것에 대해 소홀히 해왔다. 반면 방문객들은 이 같은 여건을 이해하기 보다는 소비자로서 보다 깨끗하고 쾌적한 여건 속에서 편리하게 음식 먹기를 희망하고 있었다.

  또한 방문객들은 축제장 음식이 지역 특색과 축제의 성격이 반영되기를 기대하는 것으로 나타났다. 축제장 음식은 그 지역의 식재료가 사용되기를 희망하고, 그 지역만이 갖는 전통 조리법 등에 의해 조리되길 기대했다. 이같은 방식으로 미각을 돋우는 음식이 제공될 경우 방문객에게 주는 긍정적 효과는 매우 높다는 게 설문조사결과다.
  하지만 축제가 개최되는 서구지역의 경우 도심 한복판인데다 이렇다 할 로컬푸드 식재료가 없는 점은 이와 같은 요구를 충족시켜주기엔 한계가 있었다.
  따라서 축제장에 등장하는 음식에 예술축제인 점을 고려해 예술성을 가미하는 게 필요했다. 이를테면 작가들의 도자기에 예술성을 살려 음식을 놓는 것도 한 방법일 수 있다. 또 예술품이 있는 주방의 모습을 재현해보는 것도 하나의 프로그램이 될 수 있다.
  결국 축제장 유식부스 운영은 축제 주제를 반영한 음식의 개발과 판매, 고객 연령과 취향을 고려한 메뉴의 선정, 음식부스의 효율적 운영이 필요하며 결국 이는 지역 이미지와 축제 성공에 지대한 영향을 미친다는 결론을 얻을 수 있었다.

여백(女百)의 미(味)

'애매모호한 국내 패키지여행은 이제 그만. 우리는 가성비(가격대비만족도) 높고 확실한 콘텐츠 여행을 원한다.'

문화체육관광부와 한국관광공사가 국내 여행 활성화를 위해 진행하고 있는 '대한민국 테마여행 10선' 중 제9권역(대전과 충남 공주, 부여, 전북 익산) 관광 민간조직인 '금강역사식후경 협의체'(DMO)가 '심쿵'한 여행 상품을 2019년 가을 처음 기획했다.

    금강역사식후경 협의체 회장을 맡고 있는 필자가 개발한 새로운 형태의 럭셔리 여행 프로그램이다.

    대전과 공주 등 백제역사문화권을 1박2일 간 여행하며 지역 대표음식을 골고루 맛볼 수 있는 융합형 콘텐츠로 필자는 이 프로그램의 명칭을 '여고동창생과 떠나는 백제의 미각기행' 이라는 뜻으로 '여백의 미(女百의 味)'로 정했다.

    이름만 '여고동창생' 일뿐, 초·중은 물론 대학 동창, 자매 등 여성만을 겨냥한 1박2일 감성 프로그램으로 여행 중 학창시절을 떠올리게 하는 교복을 입고 촬영도 할 수 있다. 밤이면 동창들과 음악다방에서 LP판으로 신청곡도 듣고 수다를 떨며 옛 시절을 소환할 수 있는 레트로(retro) 여행이다. 2018년부디 대한민국 테마여행 10선 9권역 기획 사업 '금강식후경(金剛食後景)'을 진행해온 PM사업단(단장 정강환 배재대 관광축제리조트경영학과 교수)은 "여행객의 감성과 요구에 맞춘 품격 높은 내용으로 꾸며져 있다"고 평가했다.

특히 지역 관광 민간조직(DMO)에 여행사, 외식업소, 관광 코디네이터 등이 골고루 참여해 럭셔리하면서도 저렴한 비용(1인당 8만9000원)으로 여행을 진행하고 있다.

주요 일정은 첫째 날에는 대전역 집결(10:00)~대청호 오백리길~한밭수목원&미술관~대전 호텔1박에 이어 둘째 날에는 세계문화유산인 공주 마곡사 산책~국립공주박물관 관람~한옥마을~대전역(오후 5시)에서 헤어지는 일정이다.

또 음식은 대청호가 내려다보이는 레스토랑의 정통 브라질 꼬치 요리, 대전 성심당 소보루, 대전의 특색음식인 칼국수와 두부두루치기, 공주 마곡사 산채비빔밥, 한옥마을의 백제차 등이 제공됐다.

2019년에는 모두 4차례 진행됐으며, 여행 비용에는 교통비와 식사비, 호텔비, 입장료, 선물 등이 포함됐다.

1회 프로그램은 2019년 11월 8~9일에, 2회는 11월 23~24일 진행됐다. 3회와 4회는 정원 25명이 초과되는 인기를 얻었다. 프로그램 참가자들도 서울, 인천, 경기는 물론 경남 사천, 강원 강릉 등 전국에서 찾아왔다. 참가자들은 전국 지방자치단체가 운영하는 패키지를 다녀봤지만 '여백의 미' 처럼 매력적인 여행은 처음이었다고 평가하는 사람이 많았다. 만족도 설문조사에서 대부분 '만족한다' 라고 기재했다..

음식을 기반으로 한 미각기행은 만족도가 비교적 높고 이를 활용한 여행상품도 불패(不敗)할 가능성이 높다. 진짜 지역 음식은 그 지역에 가지 않으면 경험할 수 없기 때문이다. 특산물을 활용한 축제와는 또 다른 게 미각기행이다.

5부 식탐 2
食耽 : 그릇에 문화를 담는 사람들

**요리사 기자가 추천하는
대전에서 꼭 맛봐야 할 음식
대전에서 꼭 가봐야 할 식당 10選**

5-01 성심당

5-02 봉이호떡

5-03 이비가

5-04 임진강장어

5-05 더 리스(The LEE'S)

5-06 꽁뚜

5-07 대선칼국수

5-08 이화수 전통육개장

5-09 원조 태평소국밥

5-10 올리브가든

제작 | 청담공방

성심당

밀가루 두 포대로 기적을 이룬 곳은 바로 대전의 성심당이다.
6 · 25전쟁의 상처가 가시기도 전인 1956년 대전역 앞 $10m^2$ 짜리 허름한 찐빵가게에서 밀가루 두 포대로 시작한 '대전의 빵집' 성심당. 지금은 대전지하철 중앙로역 2번 출구에 본점을, 롯데백화점 대전점과 대전역, 대전컨벤션센터(DCC)에 분점을 두고 있다.

대전역에서 항상 볼 수 있는 길게 늘어선 줄. 성심당은 오늘도 대전의 빵을 전국으로 보낸다.
성심당(聖心堂)은 이름 그대로 '거룩한 마음으로 정성을 다해 빵을 굽는다'는 뜻이다. 함경남도 함주가 고향인 임 대표의 부친 임길순 씨(1981년 작고)가 1 · 4후퇴 때 월남했다. 대전역 앞에 찐빵 집을 차린 뒤 하루 300여 개를 만들면 100여개는 고스란히 남겨 고아나 노숙인들에게 나눠줬다.

성심당 대표_임영진

장남인 로쏘㈜ 성심당 임영진 대표 역시 대전에서 '빵 기부 천사'로 불린다. 그는 팔고 남은 빵을 다음날 아침 지역 아동센터, 노인병원, 외국인노동자센터 등 150군데에 기부해 왔다.
성심당은 '국내 3대 빵집' 중 하나로 꼽힌다. 세계적인 맛 집 지침서인 미슐랭가이드에도 소개됐던 성심당의 '튀김소보로'는 대전을 방문한 여행객이라면 꼭 구매해 가는 빵이다.
나의 식탐(食貪)은 단순히 성심당의 빵에 있지 않았다. '투명한 경영, 직원 모두 주인'. 바로 임 대표의 철학이다.

대전 지역 청년들이 가장 일하고 싶은 직장 중 하나로 꼽히는 이유다. 매년 'I am Chef'라는 축제성 제과제빵 경연 프로그램을 열어 직원들의 잠재력을 발굴하고 혜택을 부여한다. 직원들에게 이익의 15%를 성과보수로 지급하기도 한다.

세계적인 경제학자 루이지노 브루니 교수는 "성심당의 철학과 경영 방식이 다른 곳으로 퍼져 나가 100개 중소기업이 생겨난다면 대기업 중심의 한국경제 구조가 바뀔 것"이라고 평가하기도 했다.

성심당은 발전을 거듭해왔다.

1981년 2대 경영이 시작되면서 임 대표는 부친의 뜻을 그대로 실천하고 있다.

2014년 프란치스코 교황이 한국을 방문했을 때 교황에게 제공된 빵은 바로 성심당에서 정성껏 만들어진 것이다.

대전시가 2019~2021년까지 3년을 '대전 방문의 해'로 정하고 관광객 유치를 위한 다양한 시책을 잇따라 발표하자 성심당은 '대전 빵문의 해'라는 재미있는 문구를 만들어냈다. 대전 지역의 홍빛나 작가의 유화를 넣은 패키지도 제작해 타 지역에서 방문하는 사람들에게 대전 지역을 위트있게 알리고자 했다.

2016년부터는 매년 10월 열리는 대전사이언스페스티벌 때 수천 명이 먹을 수 있는 케익크를 만들어 제공한다.

기자는 임 대표를 만날 때면 부담을 준다.

 '베 푼 60년, 베 풀 60년'이라고. 지난 60여 년 이상 지역에 의해, 지역을 위해 베풀고 베품을 입은 만큼 앞으로도 계속 이어가야 한다는 당부이기도 하다. 이미 베푼 자에게 하는 잔소리다.

 임 대표는 늘 "'우리 곁에 불행한 사람을 둔 채로 혼자서는 절대 행복해질 수 없다'는 부친의 나눔 철학을 기업 운영의 최우선 가치로 삼아왔다"며 "성심당을 사랑해주신 시민들께 다시 한번 머리 숙여 감사드린다"고 말한다.

 2017년 9월 대전 유성구 도룡동 대전컨벤션센터(DCC)에 분점을 낼 때 임 대표는 많은 고민을 했다. 1956년 창업해 현 중구 은행동 본점에서 영업해 온 이후 2011년 롯데백화점 대전점, 2012년 대전역 입점에 이어 5년 만의 '외도'이기도 했지만 많은 고민 끝에 사업 확장이라기보다는 '대전의 도시브랜드 확장'이라는 쪽에 더 의미를 두고 DCC분점을 내기로 결정했다.

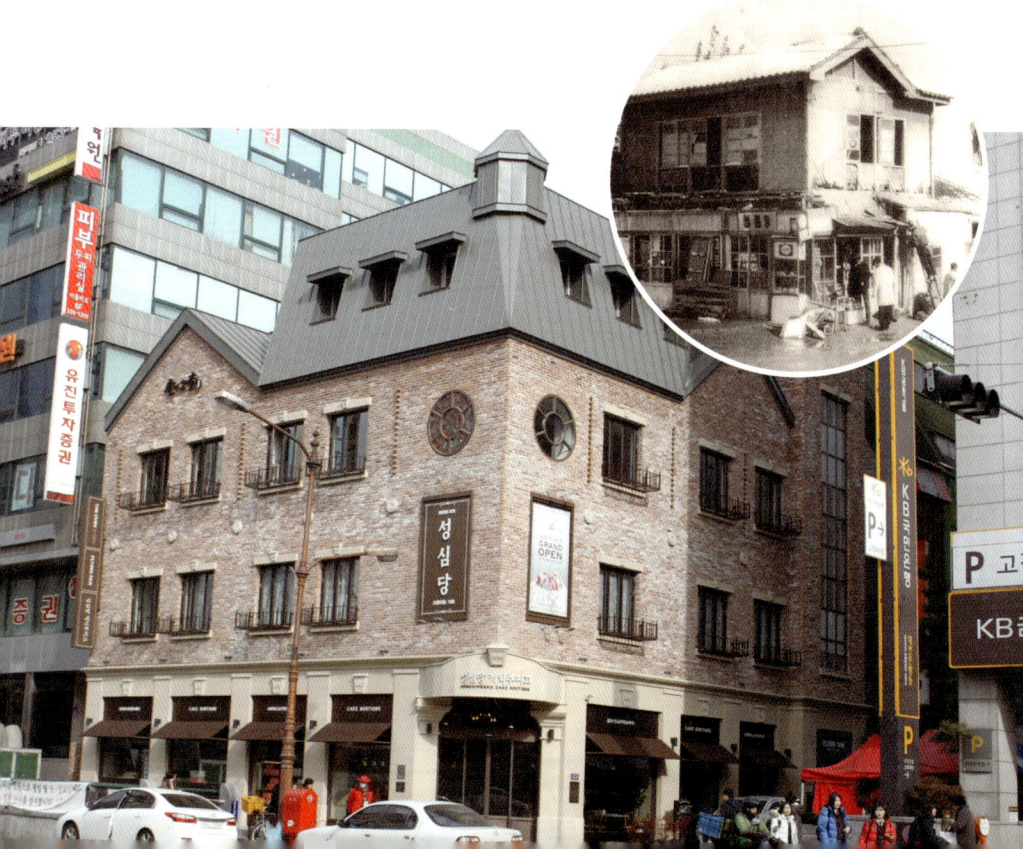

'튀김소보루', '판타롱부추빵', '대전블루스' 등 전국적 명성을 지닌 히트상품을 출시해 온 성심당은 그동안 서울과 수도권, 세종 등 전국 각지에서 분점 또는 가맹점 개설 요청을 받아 왔지만 '대전 이외 진출하지 않는다'는 경영방침을 고수해왔다.

대전에서만 만들고, 대전에서만 구입할 수 있는 '대전의 빵'을 만들겠다는 경영진의 철학 때문이다.

하지만 DCC는 일년내내 각종 국제학술대회를 비롯해 전국 규모의 다양한 행사가 열려 외국인을 비롯해 외지인 방문이 잦은 곳이어서 대전에서 만들어지는 '명문 빵'이 이들에게 먹거리 제공은 물론 도시마케팅에도 큰 도움이 될 것으로 판단한 것이다.

그러면서도 주변에 빵집이 없어야 한다는 게 1차 고려 대상이었다. 브랜드 파워를 고려할 때 성심당이 입점할 경우 동네 빵집은 물론 대기업 프랜차이즈 제과제빵점 조차 힘들어질 것이라는 판단에서다. 둘째는 현장에서 직접 빵을 굽고 제공할 수 있는 공간이 마련될 수 있냐는 점이었다.

성심당 직원 요리경연 '아엠셰프'

봉이호떡

부산에 씨앗호떡이 있다면 대전에는 '봉이호떡'이 있다.

이름만큼 친근한 '봉이호떡'은 대전 동구 만인산휴게소 한 모퉁이에서 심심풀이 먹을거리로 제공하던 주전부리였다. 이 휴게소 사장 김봉희 씨가 자신의 이름을 빗대 '봉이호떡'이라는 이름을 짓고 맛을 계속 업그레이드 시키면서 전국적인 명성을 쌓기 시작했다.

봉이호떡 역사는 20년도 넘는다. 찹쌀에 중력밀가루, 옥수수 전분 등을 섞어 반죽을 한 후 24시간 숙성시키는 데서 시작한다. 밀가루보다 찹쌀 비율이 높아 처음 씹으면 바삭하고 씹을수록 찰진 맛이 있다.

호떡 고명도 다르다. 계핏가루에 흑설탕을 넣는 일반 호떡과는 달리 견과류(땅콩)를 잘게 빻아 넣어 점성을 높였다. 호떡은 강철판 위에 식용유를 살짝 두른 후 튀기는 방식이 아니라 굽는 방식을 사용해서 담백함이 있다.

만인산 휴게소 김봉희 대표

'봉이호떡'이라는 이름의 탄생 이야기는 재미있다. 김 대표는 만인산휴게소가 있는 만인산에 '봉' 자가 들어간 곳이 많아 이름을 붙였다고 한다. 만인산 정상으로 올라가는 길이 봉수레미골이라는 점, 만인산이 한때 태조 이성계의 태실이 있다 해서 태봉산으로 불렸다는 점. 그리고 만인산 앞산에 정기봉과 봉화대가 있었다는 점, 그리고 자신의 이름(김봉희)까지 더해서 이름을 지었다.

봉이호떡은 유감스럽게도 만인산휴게소에서만 맛볼 수 있다. 휴게소 앞에는 늘 줄이 늘어서 있다.

종이집게로 호떡 하나 손에 들고 고즈넉한 휴게소 주변을 산책해보자. 잔잔한 호수와 울창한 숲이 일품이다.

김 사장은 "누구로부터 방해받지 않고 호수와 산을 감상하며 입안에 넣는 우리의 호떡 한 장. 아마 그런 경험은 평생 잊을 수 없는 묘한 여운을 남길 것"이라고 말했다.

이비가

전국에 150여개 가맹점을 가지고 있는 이비가짬뽕은 대전에서 시작된 브랜드다. '이비가'는 '한 번도 안 먹어본 사람은 있어도 한번만 먹어본 사람이 없다'는 말처럼 자꾸만 '입이 간다' 해서 붙여진 이름이다.

식재료에 대한 원천 기술, 전용 생산공장, 천연발효추출물, 신선한 재료가 맛의 비결이다.

텔레비전 유명 프로그램에서 이비가 권혁남 회장이 '음식은 건강이고 과학이며 예술이다'라는 경영철학으로 자신만의 독특한 조리법으로 짬뽕을 선보이면서 '짬뽕의 달인'으로 등극하기도 했다.

2014년 '10대 맛 집' 중식부문 1위와 소비자가 뽑은 2016 한국소비자만족지수 1위 프랜차이즈(짬뽕)부문 1위를 수상하기도 했다.

맛의 비밀은 육수라는 게 권 회장의 설명이다. 여기에 100%국산고추(청양), 자체 개발한 면 등 3가지가 합쳐져 사람들의 혀를 매료시킨다.

육수는 제작법이 특허를 받았다. 한우사골과 토종닭 등과 여러 한약재를 24시간 우려낸다.

면(麵)은 밀가루를 반죽할 때 알칼리수를 이용해 3일간 숙성하여 점성과 탄성을 강화시켜 불지 않고 차진 면발을 만들어낸다. 여기에 굴. 바지락은 통영과 서산, 쌀은 공주, 고추는 청양의 100% 태양초 등 모든 식재료는 국내산만을 사용한다. 주문과 동시에 조리되기 때문에 약간의 기다림이 필요하다.

조리법은 분말처럼 곱게 갈아낸 고춧가루를 기름에 볶은 다음 그 위에 굴 바지락 새우와 배추, 호박, 당근, 양파 등 각종 채소를 넣고 센 불에 짧은 시간동안 끓여낸다. 텁텁함이 없고 뒤끝까지 개운한 맛이 나오는 과정이다.

여기에 하얀 배추김치와 색소를 사용하지 않은 무절임으로 '중국음식에는 노란 단무지'라는 고정관념을 떨쳐냈다. 그럴리 없지만 '양이 조금 부족하다'고 느끼는 손님을 위해 앙증맞은 공기에 밥도 제공하는 센스는 덤이다. 짬뽕으로는 보기 드물게 인공조미료 대신 특허 받은 효모추출물인 천연조미료를 사용해 '건강한 짬뽕'이라는 소리까지 듣는다.

짬뽕 못지않게 탕수육도 인기 메뉴다. 냉동이 아닌 돼지생고기에 찹쌀가루와 전분을 섞어 튀겨 색깔이 하얗다. 겉은 바삭하고 속은 쫄깃한 식감을 내는 비결이다.

(주)이비가푸드 권혁남 회장

임진강장어

*이 글은 음식에 대한 모양과 맛, 느낌, 종업원의 모습 등 식당에서 보고 느낄 수 있는 모든 상황을 순수한 우리말로 쓴 것입니다. 음식과 관련된 외래어 등 글쓰기에도 우리말이 많이 사용되기를 희망합니다.

새빨갛게 달아오른 숯불이 테이블 가운데에 조심스레 올려진다. 얼굴이 화끈 달아오른다. 숯불은 용광로에서 달구어진 쇳덩어리를 연상케 할 만큼 새빨갛다.

잠시 후 장어가 통째로 불판에 올려진다. 내장만 깨끗이 긁어 냈지 온새미(가르거나 쪼개지 않고 전체 생긴대로)로 모양이다. 몸피는 살지다.

"팔뚝만한 장어가 아니네…" 이런 말을 내뱉는 손님도 가끔 있다. 하지만 장어는 3미(尾;1kg에 3마리 정도의 크기)짜리가 먹기에도 좋고 맛도 있다.

장어 등은 위쪽으로, 배는 숯불 쪽으로 놓고 초벌을 한다. 적당하게 구워진 장어가 마닐마닐(씹어 먹기에 알맞도록 부드럽고 말랑해진)해질 때 먹기 좋은 크기로 잘라 불판 가녘(가장 자리)에 올려놓는다.

향이 옷 고스(향기롭다)니 그야말로 알천(음식 중에 제일 맛있는 음식)이다. 가녘에 올려 진 장어 몸피, 그 중에서 최고의 머드러기(생선 가운데 크고 굵은 것) 하나를 당장이라도 집어 먹고 싶지만 동석한 상대방 눈치 보며 헛 입놀이만 몇 번 해본다.

대전 유성구 봉명동 홈플러스 뒷쪽에 있는 임진강한방숯불장어구이는 '한방숯불' 이라는 말이 들어간다. 양념에 당귀, 감초, 황기 등 한약재가 활용됐기 때문이란다.

장어는 전남 무안, 고창, 영광의 양만장(養鰻場; 장어 양식장)에서 키운 무항생제 장어 중 자포니카종을 사용한다. 값싼 중국산과 필리핀산 장어는 쿰쿰(냄새가 산뜻하지 않은)해서 거부한다.

메뉴는 소금구이, 고추장구이, 간장양념구이, 산더덕장어구이가 있다. 대부분 장어 맛을 온전히 알 수 있는 소금구이를 많이 찾는다.

고추장양념구이는 태양초고추장, 간장, 한약재, 과일을 갈아 숙성시킨 양념을 노릇노릇하게 구운 장어에 3번 이상 골고루 바른다. 장어에 적당히 스며든 양념 맛이 배리지(맛이 비리다) 않다. 알근달근(맛이 조금 맵고도 달다)한 맛이다. 하지만 양념구이는 소금구이보다 두툼하지 않다. 양념이 깊게 배어야 하기 때문이다.

간장양념구이는 12년 묵은 간장 맛이 비법이다. 배리착지근(조금 배린 맛이나 냄새가 나는 듯 하다)한 맛이 없어 좋다.

장어구이를 주문하면 깻잎·고추·갓짱아지와 취나물무침, 백김치, 오이무침 등이 나온다. 장어와 찰떡궁합인 생강초와 마늘도 소담(음식이 넉넉하여 먹음직 하다)하게 제공된다.

식사로는 장어를 푹 고아서 체로 걸러낸 뒤 표고버섯, 토란대, 우거지, 무청을 넣고 끓인 장어탕도 구수하다. 보통 장어탕은 장어를 잡고 난 머리 뼈 등 부산물로 끓이는 곳이 많은데 이곳은 장어가 통째로 들어간다고 한다.

육류든 생선이든 '구이' 방식으로 조리하는 음식 맛을 판가름하는 중요한 요인 중 하나는 바로 숯이다. 이 집에서 사용하는 숯은 톱밥을 이용해 육각형 형태로 압축 성형한 열탄이나 연탄모양의 야자 숯이 아닌 경기 포천 숯가마에서 생산한 국산 참숯을 쓰고 있다. 숯불은 열과 원적외선이 사방으로 퍼지면서 순식간에 징이의 속살까지 익혀준다. 겉은 바삭하고 속은 촉촉하다. 부둑해지기(물기가 거의 말라 뻣뻣하다) 직전 먹어야 제 맛이다.

식당 안에는 온통 숯불을 사용하지만 환풍이 잘돼 뭉뭉(연기나 냄새 따위가 자욱하다)하지 않다.

여사장 박근혜 씨의 인상은 깔끔하다. 처음 장어 집을 할 때는 유성구 장대4거리 쪽에 영업했으나 2014년 봉명동 이곳으로 왔다.

박 사장의 식재료 관리에 대한 청결성, 음식에 대한 열정, 그리고 봉사 정신과 시설관리 노하우도 이야기 꺼리다. 매장 안에 들어서면 누가 사장인지, 종업원인지 모를 정도로 그는 분주하게 움직인다.

박 대표와 직원들이 시간이 날 때마다 매실청 등은 직접 담근다. 매실청은 매년 200kg씩 담근다고 한다. 구이용으로 나가는 더덕도 직접 깐다. 재료 모두 미쁘기(믿음성이 있다)만하다.

임진강한방숯불구이는 2018년 대전 유성에서 처음으로 식품의약품안전처에서 우수위생등급을 인증 받았다. 음식점 위생등급제는 식약처에서 사전심사와 음식점의 식품위생법 준수사항을 비롯해 식재료와 조리장 위생청결분야, 영업자의 식, 시설, 소비자만족도, 직원과 소비자권익보호 등 100여 개의 항목을 한국식품안전관리인증원에서 현장평가를 통해 세밀하게 평가해 인증받기가 까다롭다.

수익금 일부를 어려운 이웃을 후원하는 데 사용하는 행복천사 나눔 가게로도 소문 나 있다.

더 리스(The LEE'S)

브라질 전통 꼬치요리인 슈하스코(Churrasco: 스페인어 츄라스코)를 파는 곳은 대청호반에 있는 더 리스(대전시 동구 마산동 찬샘정 입구)가 유일하다. 츄라스코는 브라질에서 유래된 남미식 소고기 바베큐. 보통 긴 꼬치에 꿰어 숯불에 굽는 방식이지만 꼬치에 꿰는 재료는 나라마다 다르다.

대청호반에 위치한 더 리스(대표 이성수)는 2019년 4월 현 레스토랑 옆에 하우스 웨딩을 할 수 있는 새로운 건물 테라바오까지 문을 열면서 면모를 갖췄다. 더리스의 츄라스코는 먼저 브라질 현지에서 특별주문 제작해 공수해 온 바비큐 기계로 꼬치요리를 만든다는 게 일반 츄라스코 판매 레스토랑과는 좀 다르다.

참나무 불에서 2시간 이상 구운 닭고기, 돼지고기, 소고기(안창, 토시)는 브라질 현지요리사가 테이블마다 돌면서 꼬치에 꽂은 고기를 직접 가져와 칼로 잘라 접시에 담아준다. 소시지를 비롯해 파인애플 피망 등 다양한 채소도 함께 곁들여진다.

더리스의 매력은 음식보다는 레스토랑 앞 잔디밭에서 바라보는 아름다운 대청호의 풍광이 한 몫 한다. 주차장에 차를 세워놓고 약간만 걸어 레스토랑 잔디밭에 발을 딛자마자 새로운 광경이 펼쳐진다. 드넓은 대청호다.

국내에서 3번째로 큰 인공호수인 대청호의 일부 전경이지만 마치 동양화를 연상케 하는 광경이다. 2005년 권상우, 김희선 주연의 '슬픈 연가' 촬영지도 이 주변이다.

럭셔리 여행으로 꼽히는 백제권 테마여행 프로그램 중 하나인 '여백의 미'(여고동창생과 떠나는 백제의 미각기행)의 첫째 날 점심코스도 바로 이곳이다.

꽁뚜

대전 대덕구 연축동 계족산 서쪽 자락에 분위기 좋고 경치 좋고 음식 좋은 명물 맛 집이 한 곳 있다. 산자락엔 대부분 닭이나 오리, 두부요리집이 대부분이지만 이곳은 반전의 콘텐츠다.

바로 '꽁뚜'(대표 이기용)라는 정통 베이징 카오야(베이징 덕)와 인도 커리 전문점이다. 대전에서 중국 요리사가 직접 화덕을 이용해 카오야를 만들어 내는 곳이다.

'꽁뚜'(Conto)는 포르투갈어로 '이야기'라는 뜻. 꽁뚜 건물을 직접 설계해 짓고, 메뉴까지 구성한 이기용 대표는 "고급스러운 이야기가 있는 식당"이라고 꽁뚜를 소개했다.

레스토랑은 3층짜리 건물이다. 1층은 다양한 수제공예품 전시 판매장과 커피숍이 자리 잡고 있다. 2층은 식당 홀, 3층은 프로젝트 빔까지 설치된 단체석이 있다. 아담한 호수 옆에 자리 잡고 있어 창가로 내려다보이는 호수가 정겹다. 한 폭의 그림 같다. 야경이 특히 아름다워 분위기 살리기엔 제격이다. 여심(女心)을 사로잡기에 좋은 곳이다.

꽁뚜와 호수 사이 잔디밭에는 다양한 조각품이 설치돼 있고 호수에서 노니는 거위는 조형품이 아닌 살아 있는 거위다. 가끔은 호숫가를 산책하려면 거위가 뒤따라온다. 겁먹지 않아도 된다.

　베이징 카오야는 중국 북경에서 즐겨 먹는 요리로 때로는 세계 10대 요리, 4대 요리, 심지어 3대 요리로도 꼽힌다.

　오리를 통째로 화덕 안에 매달아 넣고 참나무로 400도 열로 훈연시켜 기름을 쪽 빼는 방식이다. 다 익은 오리는 중국인 셰프 손에 넘어가 손님 상 옆에서 통째로 얇게 썰어져 쟁반에 담겨진다. 오리 한 마리가 통째로 앞에서 해체되는 과정이다.
　베이징 카오야를 주문하면 먼저 호박죽과 메추리알 고추전(다른 메뉴로 대체되는 경우도 있음)에 이어 오리샐러드와 우엉새싹무침, 야채샐러드, 표고탕수, 물김치, 단호박전 등이 제공된다.

　카오야는 밀전병이나 두부피 위에 올려놓고, 오이채나 양파 채를 조리된 춘장 소스나 매콤한 된장소스를 찍어 함께 싸 먹는다.
　참나무 향이 깊게 배어 있다. 오리 껍질은 진한 갈색을 띠며 윤기가 '자르르' 흐르는 게 육안으로 확인가능하다. 쌈을 싸서 입안에 넣으면 솔깃하고 고소하고 담백한 느낌을 한꺼번에 받는다. 절임 깻잎에 오이나 양파를 넣고 쌈을 싸도 괜찮다.
　발골(拔骨)된 오리 뼈는 살짝 구워 또 하나의 메뉴로 변신돼 제공되는 데 뼈 주변에 붙어 있는 살도 만만치 않게 많다. 식사는 오곡찰밥에 들깨시래기국, 오리탕으로 마무리된다.
　별도 메뉴로 단호박 쪽갈비찜도 있다.

　몇 년 전부터 꽁뚜 바로 옆 건물 갤러리관에 인도커리전문점도 문을 열었다. 베이징카오야와 인도 커리를 함께 맛볼 수도 있다. 인도 현지에서 공수된 커리와 화덕에서 잘 구워진 난이 메인이다. 난을 손으로 쭉쭉 찢어 커리에 담가 한 입 머금으면 중국, 인도를 다 다녀온 셈이 된다.
　이기용 대표는 "꽁뚜는 음식이라기보다는 문화를 공유하는 아름답고 맛있는 이야기 공간"이라고 했다.

대선칼국수

음식 칼럼니스트이자 '먹방 전문 케이블TV'로 불리는 올리브TV '한식대첩 4'에서 심사위원으로 활동한 경력을 지닌 유지상 씨(창업인큐베이터)는 대전시청 옆 대선칼국수 수육을 맛본 뒤 "전국 어디를 다녀 봐도 이렇게 돼지 냄새 나지 않고 부드러운 수육은 보기 드물었다"고 평가했다.

나의 평생 동지 동아일보 대전충남광고지사 박철모 부장과 송하승 지사장도 비가 오는 날이면 필자에게 "대선칼국수에서 수육 한 접시에 소주 한 잔?"을 요구한다.

대전에서 공직생활을 했거나 토박이라면 중구 대흥동에 있는 대선칼국수를 모르는 사람이 없을 것이다. 1953년 고 오영환 씨는 대전역 앞 아카데미극장 앞에서 칼국수 집을 시작해 신도칼국수와 함께 대전의 칼국수 문화를 선도해 온 베테랑이다. 이후 딸 오세정 씨가 운영하다 2001년 둔산동 대전시청 옆으로 분가(分家)해 지금까지 이어오고 있다. 상호는 '칼국수'지만 이 집을 찾는 고객 대부분이 우선 수육부터 한 두 접시 주문해 술 한두 잔을 비우고서야 칼국수를 주문한다.

수육은 비교적 얇고 한 입 크기로 썰어 손님상에 내는 데 부위는 삼

왼쪽부터 홀팀장 장복순, 목인성, 조카 김기덕, 주인 오세정, 홀팀장 조순옥씨

겹살이다. 수육 집 대부분이 삼겹살을 사용하지만 이 집의 그 부드러운 감칠맛은 이루 말할 수 없다. 먼저 겉 표면은 윤기가 '자르르' 흐른다. 살과 비계 부위의 비율이 대략 7:3, 또는 6:4로 황금비율을 이룬다.

부드러운 식감을 유지하면서도 누린내 나지 않고 변함없는 맛을 유지하는 것은 무엇보다 식재료를 공급받거나 구입하는 일관성 때문일 것이다. 오 대표의 아들 목인성 씨는 "저도 잘 모르지만 항상 한 군데에서 공급받는다고 생각하면 됩니다. 반드시 암퇘지, 그것도 4~5개월 된 60~80kg짜리만 사용하고, 하루에 두 번 삶습니다. 점심 손님을 대비해서 한번, 저녁 손님을 대비해서 한 번".

먹는 방식도 독특하지만, 이 집이 권유하는 방식으로 먹어야 최고의 맛을 느낄 수 있다. 먼저 상추에 고기 한 점 또는 두 점을 양만큼 새우젓에 푹 찍어 올린 뒤, 양파와 생마늘(취향에 따라 뺄 수도 있지만)을 집 고추장에 찍어 먹는 방식이다. 물론 첫 한 입은 수육을 새우젓에만 찍어서 먹어보는 것도 좋다. 이 때 승부는 갈린다. 누린내가 전혀 없고 부드러우며 씹으면 씹을수록 고소함을 느끼게 된다.

칼국수는 조갯살 육수의 맑은 칼국수와 고추장, 참기름, 깨소금, 쑥갓으로 비벼 먹는 냉(冷)비빔칼국수와 온(溫)비빔칼국수가 있으니 각자 취향대로 선택할 일이다. 두부를 큼직큼직하게 썰어 멸치육수와 파, 양파, 고춧가루를 버무려 낸 두부두루치기, 거기에 오징어를 넣은 오징어두부두루치기도 있다.

이 집은 늘 점심이나 저녁 때 손님이 꽉 찬다. 비가 오고 스산한 날에는 손님이 많아 입구에서 기다려야 하지만 회전이 빠른 편이어서 짜증이 날 정도는 아니다.
주방과 홀에서 일하는 직원들은 카운터에 있는 주인 또는 매니저의 지시에 따라 일사분란하게 움직이는 모습이 마치 훌륭한 지휘자 밑에서 연주하는 오케스트라 단원처럼 호흡이 척척 맞는다. 팁을 드리자면 이 집에서 칼국수만을 먹고 나오기는 수육 맛이 너무 아깝다.

이화수 전통육개장

무병장수의 상징인 파, 거기에 기름 없는 부드러운 소고기 양지, 그리고 고운 '맵단'(매우면서도 달콤한) 고춧가루까지 어우러진다면….

전통 파개장 스타일의 이화수 전통육개장은 대전에서 시작된 전국 규모의 브랜드다. 족발보쌈전문점인 '소담애' 운영사인 ㈜애브릿(대표 이영환)이 만든 육개장 전문 프랜차이즈가 바로 이화수 전통육개장이다.

이화수 전통육개장의 진한 맛은 다양한 식재료 대신 진한 한우사골육수와 대파의 절묘한 조합에서 출발한다. 국물의 맛과 느낌은 얼핏 대전 동구 삼성동의 명랑식당 육개장과 비슷한 것 같지만 그 집의 푹 익힌 대파 맛과 느낌은 아니다. 대파는 70~80% 정도만 익혀 내 놓는데 씹을수록 입안과 혀끝에서 느껴지는 단맛의 변화를 감지할 수 있다.

㈜애브릿 이영환 대표

조리방식은 한우사골과 7가지 정도의 엄선된 채소를 4시간 정도 함께 끓여낸다. 소 양지부위는 기름이 적지만 끓는 과정에서 위쪽으로 미미하게 떠오르는 기름마저 모두 걷어낸다. 담박한 맛의 비결이다. 여기에 특제 고추기름 등을 넣고 당일 삶은 양지머리고기를 결대로 찢어 수북하게 담아 내놓으니 먹음직스러워 눈도 즐겁다.

육안으로 보기엔 새빨간 국물이지만 맵지 않으면서도 달큰하다. 여기에 대파의 시원한 맛과 함께 단맛까지 가해져 개운한 뒷맛까지 느낄 수 있다.

맑은육개장, 차돌육개장, 육개장칼국수, 부대육개장, 사골떡만두국 등의 메뉴도 있다. 또 가족단위 고객과 직장인들의 회식을 위한 모듬수육전골, 양지육개장전골, 전통보쌈, 시래기차돌구이 등도 출시했다. 최근에는 저녁 신 메뉴로 한방양념구이를 선보였다.

이화수 전통육개장의 기업정신도 일단 합격점이다.

2019년 8월 '2019 대한민국 브랜드대상' 수상식에서 육개장 프랜차이즈 부문 대상을 수상했다. 이 상은 브랜드, 제품, 서비스 등에서 부문별 수상 브랜드를 선정하는 것으로 이화수전통육개장은 차별화된 건강 한식과 서비스로 고객들을 만족시켰다는 평가를 받았다.

이화수 전통육개장은 2015년 제16회 프랜차이즈대상 외식업동반성장 부문 대상과 중소기업청과 소상공인시장진흥공단에서 선정하는 2015프랜차이즈 수준평가에서도 1등급을 받았다. 2016년에도 우수프랜차이즈로 선정됐다.

이화수의 성장 배경에는 가맹본부 ㈜에브릿의 프랜차이즈 운영 노하우가 뒷받침이 됐다고 한다. 현재 전국에 180여개 매장을 운영 중이다. 대전의 자랑이다.

이영환 대표는 수익 창출에 걸맞게 사회적 기업으로서의 의무를 확대해가고 있다. 2015년부터 초록우산어린이 재단 등을 통해 나눔과 이웃사랑을 실천해오다 2018년부터는 초록우산 어린이재단 대전후원회장을 맡고 있다. 2019년 초 방영됐던 MBC 드라마 '이몽'의 공식 제작지원을 통해 적극적인 마케팅 행보도 보이며 가맹점과의 상생도 도모하고 있다. 식품의약품안전처의 나트륨 저감 사업에도 적극 동참하는 자세를 보이고 있다.

원조 태평소국밥

원조 태평소국밥은 대전 중구 태평5거리에서 2007년부터 한우를 주 재료로 한 소고기국밥 전문점이다. 무를 활용한 국물 맛이 담백하고 개운해 미식가들은 물론 남녀 모두 부담 없이 찾는 곳이다.

태평소국밥의 대표는 충남 홍성군 광천출신인 김용기 한국외식업중앙회 대전광역시지회장이다. 그와 무와 양지 등을 넣고 오래 삶으면서 기름을 걷어 내는 전통비법을 살렸다. 무엇보다 최고의 한우 재료를 엄선해 진하면서도 깔끔한 육수와 감칠맛을 재연해냈다.

본점인 태평동 본관은 가정집을 개조해 홀 위주의 영업을 하고, 바로 옆에 가정집을 개조한 별관이 있다. 입소문이 나고 찾는 사람이 늘어나자 유성 홈플러스 뒤편에 직영점을 냈으나 찾아오는 손님들을 감당하지 못해 바로 뒤편에 또다시 큰 규모의 분점을 냈으나 여전히 문전성시를 이룬다.

소국밥과 내장탕은 6500원으로 착하다. 소국밥은 뚝배기에 밥을 담고 밥에 더운 국물을 여러 번 부었다가 따라내며 데우는 '토렴'을 거친다. 따로국밥이 아닌 말아서 나오는 것이 좀 더 맛있게 느껴지기도 하지만 따로국밥도 메뉴에 있다.

한우내장탕은 양과 곱창, 우거지, 대파 등이 듬뿍 들어 있다. 내장의 풍미와 쫄깃쫄깃한 식감을 느낄 수 있어 내장탕 한 그릇만으로도 소주 한 병은 거뜬하다.
별미인 한우육사시미와 수육도 있다. 수육은 머릿고기를 중심으로 돌판에 국물까지 곁들이는 게 독특하다.

올리브가든

한 때 대전 유성구 어은동 KAIST 근처에서 수제 디저트의 명가(名家)로 불렸던 올리브가든(대표 구현순)이 유성구 죽동 유성경찰서 앞으로 옮긴 뒤 지역의 카페명소로 탈바꿈시키고 있다.

올리브가든은 13년 째 대표 구 씨와 딸 최지원 파티쉐가 브런치와 커피를 비롯해 케이크와 파이, 타르트 등을 만들면서 명성을 유지하고 있다. 이 집 제품은 방부제와 인공조미료 등 식품첨가물을 넣지 않았다는 것. 따라서 재료 본연의 맛을 느낄 수 있다. 새로 옮긴 곳은 예쁘게 꾸며진 3층 건물. '돈 벌어서' 지어 왔다. 특히 화려한 원색의 타일과 꽃과 찻잔 등 아기자기한 소품들로 가득 채워져 있어 여성들로부터 인기가 높다.

올리브가든 구현순 대표와 딸 최지원

죽동으로 옮기면서 브런치와 호텔식빵도 추가했다. 또 비프 스투와 수제빵, 아메리카노 커피가 함께 나오는 브런치 세트도 제공되는 등 어은동 시절보다 메뉴가 훨씬 다양해졌다. 이밖에 비프스튜와 샌드위치 등 브런치와 핸드메이드의 각종 케이크와 파이, 쿠키, 마들렌, 피낭시에, 비스코티, 마카롱. 피칸 등이 준비돼 있다.

모둠케이크는 모양만도 압권이다. 레몬무스, 산딸기무스, 티라미스, 가또쇼콜라, 딸기프레지에, 당근케이크, 치즈케이크 등 8개가 들어 있어 비쥬얼이 보는 이의 눈을 압도한다. 포크를 꺼내 들어도 쉽게 손이 가지 않을 정도로 부수기가 아깝다.

생과일타르트, 에그타르트 등은 특히 마니아들이 많다. 밀가루만 넣고 구워 내는 것과 달리 아몬드 가루가 들어가 바삭하고 고소하다. 적당히 촉촉하면서도 파이부분이 딱딱하지 않아 만족스러운 식감을 느낄 수 있다.

커피도 맛있다는 평가가 많다. 원두는 대전 최고 감별사가 로스팅한 대량생산된 원두가 아닌 일부 지역에서 세심하게 만들어지는 고급커피인 스페셜티 커피를 사용한다고 한다.

2014년부터는 딸 최지원 씨가 합류했다. 숙명여대 의류학과를 졸업하고 일본 나카무라조리제과전문학교에서 수학해 새롭고 젊은 감각으로 분위기를 이어가고 있다. 모둠파이 3만 3000원, 모둠케이크 3만8000원, 딸기타르트 5500원 등이다.

부록

대전 상위 맛집 1% 평가표

※ 부록 '대전 상위 맛집 1%'는
2016~2017년동안 (주)한국음식문화진흥연구원 이사 13명이
집단·개별 평가한것으로 일부 평가는 다소 주관적일 수 있으며
일부 업소는 현재 영업하지 않을 수도 있습니다.

제작 | 청담공방

가나다순

ㄱ ········ 21

갑동숯골냉면 042-822-9285 유성구 현충원로 173(갑동 395-5)
맛 ★★★★☆ 서비스 ★★★★ 시설 ★★★★☆ 가격대비만족도 ★★★★

강구항 / 물회 042-863-9288 유성구 어은로 51번길 51(어은동 103-3)
맛 ★★★★☆ 서비스 ★★★★ 시설 ★★★☆ 가격대비만족도 ★★★★☆

깡순이네닭내장탕 / 닭내장탕 042-532-9443 서구 도산로 330(용문동 277-9)
맛 ★★★★ 서비스 ★★★★☆ 시설 ★★★★ 가격대비만족도 ★★★★☆

개천식당 / 만둣국 042-256-5627 동구 대전로779번길 37(원동 62-1)
맛 ★★★★☆ 서비스 ★★★☆ 시설 ★★☆ 가격대비만족도 ★★★★☆

거저울 곤드레돌솥밥 042-488-0630 유성구 은구비서로 23번길 8-12(지족동 912-7)
맛 ★★★★☆ 서비스 ★★★★☆ 시설 ★★★★ 가격대비만족도 ★★★★☆

겐지 / 초밥 042-826-0025 유성구 은구비로 155번안길 5-17(죽동 618-1)
맛 ★★★★ 서비스 ★★★★ 시설 ★★★★☆ 가격대비만족도 ★★★★☆

경동오징어국수 042-626-5707 동구 계족로 369(성남동 200-342)
맛 ★★★★ 서비스 ★★★★ 시설 ★★★☆ 가격대비만족도 ★★★★

고단백식당 / 콩국수 042-257-3681 중구 대종로 517번길 62(선화동 282-11)
맛 ★★★★☆ 서비스 ★★★★ 시설 ★★★ 가격대비만족도 ★★★★

공주분식 / 칼국수 042-582-8284 중구 문창로 97(문창동 37-4)
맛 ★★★★ 서비스 ★★★★ 시설 ★★★★☆ 가격대비만족도 ★★★★☆

꿍뚜 / 베이징카오야 042-483-9999 대덕구 신탄진로 36번길 111(연축동 69-5)
맛 ★★★★★ 서비스 ★★★★☆ 시설 ★★★★★ 가격대비만족도 ★★★★★

광세족발 042-863-6142 유성구 전민로 22번길 51(전민동 337-3)
맛 ★★★★☆ 서비스 ★★★★ 시설 ★★★★ 가격대비만족도 ★★★★☆

광천식당 / 두부두루치기 042-226-4751 중구 대종로 505번길 29(선화동 52-2)
맛 ★★★★☆ 서비스 ★★★☆ 시설 ★★★☆ 가격대비만족도 ★★★★☆

구들마루 / 곱창전골 042-582-8266 서구 정림로 65번길 32-10(정림동 570)
맛 ★★★★☆ 서비스 ★★★★ 시설 ★★★★ 가격대비만족도 ★★★★☆

궁맛묵은지 / 찌개 042-282-7249 동구 대전로 472번길 27(가오동 148-4)
맛 ★★★★☆ 서비스 ★★★★☆ 시설 ★★★★ 가격대비만족도 ★★★★☆

권영분영동뜨끈이 / 뼈해장국 042-221-4265 중구 대전천서로 375-1(문창동 10-6)
맛 ★★★★ 서비스 ★★★★ 시설 ★★★★ 가격대비만족도 ★★★★★

권인순갈비김치찌개 042-477-8529 유성구 노은서로 76번길 75-5(노은동 516-8)
맛 ★★★★ 서비스 ★★★★ 시설 ★★★★★ 가격대비만족도 ★★★★

귀빈돌솥밥 / 돌솥밥 042-488-3340 서구 만년로 68번길 21(만년동 349)
맛 ★★★★ 서비스 ★★★★ 시설 ★★★★ 가격대비만족도 ★★★★★

금강참붕어찜 042-825-7800 유성구 계룡로 38번길 14(봉명동 565-6)
맛 ★★★★ 서비스 ★★★★ 시설 ★★★★ 가격대비만족도 ★★★★★

금성삼계탕 042-254-3422 동구 선화로 196번길 44(중동 32-14)
맛 ★★★★★ 서비스 ★★★★ 시설 ★★★★ 가격대비만족도 ★★★★★

금광한정식 042-226-8686 중구 충무로 127(대사동 64-18)
맛 ★★★★★ 서비스 ★★★★★ 시설 ★★★★★ 가격대비만족도 ★★★★★

김판순김치찌개 042-586-5252 중구 안영로 45(안영동 642-3)
맛 ★★★★ 서비스 ★★★★★ 시설 ★★★★★ 가격대비만족도 ★★★★

나무사이로 / 오리진흙구이 042-825-3771 유성구 계백로 361-20(방동 408-1)
맛 ★★★★ 서비스 ★★★★★ 시설 ★★★★ 가격대비만족도 ★★★★★

남해아구찜 / 내장수육 042-822-8782 유성구 은구비서로 23번길 29(지족동 910-20)
맛 ★★★★★ 서비스 ★★★★★ 시설 ★★★★★ 가격대비만족도 ★★★★

내집식당 / 올갱이해장국 042-223-5083 중구 대흥로 121번길 42(대흥동 409-7)
맛 ★★★★★ 서비스 ★★★★★ 시설 ★★★★★ 가격대비만족도 ★★★★★

녹원 / 간장게장 042-861-1697 유성구 대덕대로 544(도룡동 399-3)
맛 ★★★★★ 서비스 ★★★★★ 시설 ★★★★ 가격대비만족도 ★★★★★

논두렁추어칼국수 042-272-7589 중구 보문로 20번길 41(문창동 118-3)
맛 ★★★★★ 서비스 ★★★★ 시설 ★★★★ 가격대비만족도 ★★★★★

농민순대 042-256-1191 중구 충무로 138(부사동 89-8)
맛 ★★★★★ 서비스 ★★★★ 시설 ★★★★★ 가격대비만족도 ★★★★★

누오보나폴리 / 피자 042-322-9582 유성구 농대로 15(궁동 406-10)
맛 ★★★★★ 서비스 ★★★★★ 시설 ★★★★ 가격대비만족도 ★★★★

ㄷ ········ 23

다미원 / 쌈밥 042-822-3966 유성구 수통골로 71번길 33(덕명동 181-1)
맛 ★★★★   서비스 ★★★★   시설 ★★★☆   가격대비만족도 ★★★★

다솜차반 / 한정식 042-822-3382 유성구 계백로 421번길 29(방동 445-2)
맛 ★★★★☆   서비스 ★★★★   시설 ★★★★   가격대비만족도 ★★★★☆

다해어죽 / 어죽 042-822-3613 유성구 계룡로 105번길 15(봉명동 551-7)
맛 ★★★★☆   서비스 ★★★★☆   시설 ★★★★   가격대비만족도 ★★★★☆

대게킹 / 대게킹크랩랍스타 042-483-4567 서구 대덕대로 370(만년동 284)
맛 ★★★★   서비스 ★★★★☆   시설 ★★★★   가격대비만족도 ★★★★

대관령양푼이동태찌개 042-536-7751 서구 변동로 110(변동 43-9)
맛 ★★★★☆   서비스 ★★★★☆   시설 ★★★★☆   가격대비만족도 ★★★★☆

대들보함흥면옥 / 냉면 042-522-5900 중구 계백로 1583번길 39(유천1동 311-13)
맛 ★★★★★   서비스 ★★★★   시설 ★★★★   가격대비만족도 ★★★★☆

대명골보리밥 042-252-7675 중구 보문산공원로 540번길 4(대사동 93-13)
맛 ★★★★☆   서비스 ★★★☆   시설 ★★★☆   가격대비만족도 ★★★★☆

대선칼국수 / 수육 042-471-0316 서구 둔산중로 40번길 28 오성빌딩 2층(둔산동 1440)
맛 ★★★★☆   서비스 ★★★★☆   시설 ★★★★   가격대비만족도 ★★★★★

대성관 / 짬뽕 042-582-9182 중구 계백로 1584번길 114(유천1동 272-36)
맛 ★★★★☆   서비스 ★★★☆   시설 ★★★☆   가격대비만족도 ★★★★☆

대전갈비집 / 돼지갈비 042-254-0758 중구 대전천서로 419-8(대흥동 3-16)
맛 ★★★★☆   서비스 ★★★★☆   시설 ★★★★   가격대비만족도 ★★★★☆

대전부르스 / 안주류 042-532-9587 중구 중앙로 122번길 14(대흥동 492-1)
맛 ★★★★☆   서비스 ★★★★☆   시설 ★★★☆   가격대비만족도 ★★★★☆

더리스 / 브라질요리 042-283-9922 동구 냉천로 34-8(마산동 439-9)
맛 ★★★★☆   서비스 ★★★★☆   시설 ★★★★☆   가격대비만족도 ★★★★☆

더함뜰 / 한정식 042-823-9293 유성구 동서대로 181(덕명동 171-13)
맛 ★★★★☆   서비스 ★★★   시설 ★★★★☆   가격대비만족도 ★★★★☆

도발0948 / 튀김족발 042-544-0948 서구 원도안로 25번길(가수원동 854)
맛 ★★★★   서비스 ★★★★   시설 ★★★★☆   가격대비만족도 ★★★

또랑 / 돼지갈비 042-635-5678 대덕구 계족로 550(중리동 122-4)
맛 ★★★★ʃ   서비스 ★★★★ʃ   시설 ★★★★   가격대비만족도 ★★★★

동방명주 / 중화요리 042-486-3888 서구 문예로 15 그랑수아빌딩(탄방동 732)
맛 ★★★★ʃ   서비스 ★★★★   시설 ★★★★ʃ   가격대비만족도 ★★★★ʃ

동소예생선구이 042-253-0606 중구 충무로 125(대사동 63-1)
맛 ★★★★   서비스 ★★★★   시설 ★★★★   가격대비만족도 ★★★★ʃ

동신수산 / 회 042-476-9968 유성구 노은동로 75번길 12(노은동 534-13)
맛 ★★★★ʃ   서비스 ★★★★ʃ   시설 ★★★★   가격대비만족도 ★★★★ʃ

동원칼국수 042-482-9075 서구 청사서로 54번길 11(월평동 230)
맛 ★★★★ʃ   서비스 ★★★★ʃ   시설 ★★★★ʃ   가격대비만족도 ★★★★ʃ

동천홍 / 사천탕면 042-482-6467 서구 청사로 123번길 25(월평동 279)
맛 ★★★★ʃ   서비스 ★★★★   시설 ★★★★   가격대비만족도 ★★★★ʃ

두부사랑 / 손두부전골 042-524-3135 서구 신갈마로 127번길 157(갈마동 427-51)
맛 ★★★★ʃ   서비스 ★★★★   시설 ★★★★ʃ   가격대비만족도 ★★★★ʃ

띠울석갈비 / 석갈비 042-478-4422 서구 문정로 10번길 40(탄방동 629)
맛 ★★★★   서비스 ★★★★   시설 ★★★★   가격대비만족도 ★★★★ʃ

등대민물매운탕 042-486-5413 서구 한밭대로 570번길 20(월평동 494)
맛 ★★★★ʃ   서비스 ★★★★ʃ   시설 ★★★★   가격대비만족도 ★★★★

ㄹ ········· 2

라무다찌 / 양갈비 042-826-3587 유성구 문화원로 110(봉명동 641-2)
맛 ★★★★ʃ   서비스 ★★★★ʃ   시설 ★★★★★   가격대비만족도 ★★★★ʃ

란스시 / 초밥 042-861-4561 유성구 어은로 51번길 32(어은동 101-9)
맛 ★★★★ʃ   서비스 ★★★★ʃ   시설 ★★★★   가격대비만족도 ★★★★

ㅁ ········· 13

마라소 소고기보신탕 / 소갈비찜 042-822-1216 유성구 수통골로 5(계산동 352-25)
맛 ★★★★ʃ   서비스 ★★★★★   시설 ★★★★ʃ   가격대비만족도 ★★★★ʃ

마시기통차 / 뒷고기 042-825-8382 유성구 유성대로 730번길 85(장대동 283-23)
맛 ★★★★ʃ   서비스 ★★★★   시설 ★★★★ʃ   가격대비만족도 ★★★★ʃ

만년애한우바보곰탕 / 방치찜 042-485-1292 서구 둔산대로 117번길 95(만년동 306)
맛 ★★★★☆ 서비스 ★★★★★ 시설 ★★★★ 가격대비만족도 ★★★★☆

맛보고 / 한식부페 042-586-3434 서구 둔산대로 117번길 88(만년동 392)
맛 ★★★★ 서비스 ★★★★☆ 시설 ★★★★☆ 가격대비만족도 ★★★★★

맛청 / 퓨전일식 042-487-2277 서구 둔산로 51번길 16(둔산동 1281)
맛 ★★★★☆ 서비스 ★★★★☆ 시설 ★★★★☆ 가격대비만족도 ★★★★☆

매화도 / 회 042-486-9233 서구 둔산남로 180번길 11(탄방동 1241)
맛 ★★★★☆ 서비스 ★★★★ 시설 ★★★★ 가격대비만족도 ★★★★☆

메밀고개시골막국수 042-585-4883 중구 대둔산로 275(사정동 490-8)
맛 ★★★★ 서비스 ★★★★ 시설 ★★★★ 가격대비만족도 ★★★★☆

명랑식당 / 육개장 042-623-5031 동구 태전로 56-20(삼성동 270-17)
맛 ★★★★☆ 서비스 ★★★★ 시설 ★★★☆ 가격대비만족도 ★★★★

모밥 / 백반 042-862-0065 유성구 신성로 61번안길 20(신성동 138-11)
맛 ★★★★☆ 서비스 ★★★★ 시설 ★★★☆ 가격대비만족도 ★★★★☆

목련관 / 한정식 042-536-0119 서구 갈마로 169번길 11(괴정동 128-6)
맛 ★★★★★ 서비스 ★★★★★ 시설 ★★★★ 가격대비만족도 ★★★★★

문향재 / 한정식 042-534-8859 서구 계룡로326번길 66(갈마1동 301-6)
맛 ★★★★ 서비스 ★★★★ 시설 ★★★★☆ 가격대비만족도 ★★★★

미세노센세 / 일본식카레 042-482-0366 서구 계룡로553번안길 659(탄방동 757)
맛 ★★★★ 서비스 ★★★★ 시설 ★★★★☆ 가격대비만족도 ★★★★☆

미진 / 소바 042-487-1692 서구 둔산중로 40번길 28(둔산동 1440)
맛 ★★★★☆ 서비스 ★★★★ 시설 ★★★★ 가격대비만족도 ★★★★

ㅂ ········15

바질리코 / 이탈리안요리 042-825-2825 유성구 한밭대로 313번길 10(장대동 307-13)
맛 ★★★★☆ 서비스 ★★★★ 시설 ★★★★ 가격대비만족도 ★★★★☆

반갱 / 퓨전한식 042-486-0950 대전 서구 둔산로 31번길 35(둔산동 991)
맛 ★★★★☆ 서비스 ★★★★☆ 시설 ★★★★ 가격대비만족도 ★★★★☆

반찬식당 / 보리밥 042-253-2794 중구 보문산공원로 484(대사동 198-56)
맛 ★★★★ 서비스 ★★★★ 시설 ★★★☆ 가격대비만족도 ★★★★☆

백마강참숯민물장어 / 장어구이 042-825-1881 유성구 도안대로 567번길 3(봉명동 558-5)
맛 ★★★★ 서비스 ★★★★ 시설 ★★★★ 가격대비만족도 ★★★★

백조한우마을 / 한우 042-523-1592 서구 갈마로 6(갈마1동 307-7)
맛 ★★★★ 서비스 ★★★ 시설 ★★★★ 가격대비만족도 ★★★★

병규돈가스 / 수제돈가스 042-486-3929 서구 만년남로 3번길 8-8(만년동 264)
맛 ★★★★ 서비스 ★★★★ 시설 ★★★★ 가격대비만족도 ★★★★

별난집 / 두부두루치기 042-252-7761 동구 중앙로 193번길 8(중동 60-4)
맛 ★★★★ 서비스 ★★★★ 시설 ★★★ 가격대비만족도 ★★★★

별뜨는집 / 고등어조림 042-222-3838 중구 보문로 162번길 66(대사동 69-24)
맛 ★★★★★ 서비스 ★★★★ 시설 ★★★ 가격대비만족도 ★★★★

복덩어리 / 복어요리 042-864-2212 유성구 신성로 84번길 74(신성동 210-72)
맛 ★★★★ 서비스 ★★★★ 시설 ★★★★ 가격대비만족도 ★★★★

복수분식 / 칼국수 042-253-6518 중구 충무로107번길 48(대흥동 382-1)
맛 ★★★★ 서비스 ★★★★ 시설 ★★★ 가격대비만족도 ★★★★

봉이호떡 042-274-0700 동구 산내로 111 만인산휴게소 내(하소동 460-1)
맛 ★★★★ 서비스 ★★★★ 시설 ★★★★ 가격대비만족도 ★★★★

부여통닭 / 치킨 042-253-8592 중구 대흥로 137(대흥동 441-1)
맛 ★★★★ 서비스 ★★★★ 시설 ★★★★ 가격대비만족도 ★★★★

부잣집곰탕 042-256-7746 중구 대흥로 139번길 10(대흥동 179-1)
맛 ★★★★ 서비스 ★★★★ 시설 ★★★ 가격대비만족도 ★★★★

부추해물칼국수 042-934-5656 대덕구 신탄진로 804번길 31(신탄진동 139-24)
맛 ★★★★ 서비스 ★★★★ 시설 ★★★★ 가격대비만족도 ★★★★

북하라인디아 / 인도요리 042-477-6000 대전 서구 둔산로 125 2층(둔산동 1455)
맛 ★★★★ 서비스 ★★★★ 시설 ★★★★ 가격대비만족도 ★★★★

ㅅ ·········35

사랑담은 / 가정식백반 042-861-5516 유성구 대학로 203번길 11(어은동 102-5)
맛 ★★★★ 서비스 ★★★★ 시설 ★★★★ 가격대비만족도 ★★★★

사리원 / 냉면 042-487-4209 서구 둔산로 31번길 77(둔산동 968)
맛 ★★★★ 서비스 ★★★★ 시설 ★★★★★ 가격대비만족도 ★★★★

살루떼 / 이탈리안요리 042-862-0052 유성구 엑스포로 240(원촌동 48-2)
맛 ★★★★☆ 서비스 ★★★★☆ 시설 ★★★★☆ 가격대비만족도 ★★★★★

삼대째전통칼국수 042-257-5432 동구 대전로 825번길 13(정동 30-23)
맛 ★★★★☆ 서비스 ★★★★ 시설 ★★★☆ 가격대비만족도 ★★★★☆

삼일꽃게식당 / 꽃게탕 042-471-3131 서구 도솔로 487(탄방동 1431)
맛 ★★★★ 서비스 ★★★★ 시설 ★★★ 가격대비만족도 ★★★★

서울곱창 / 김치곱창전골 042-254-2554 중구 어덕마을로 107-1(중촌동 9-2)
맛 ★★★★☆ 서비스 ★★★★ 시설 ★★★☆ 가격대비만족도 ★★★★☆

서울북어 / 북어탕 042-253-1374 중구 목중로 20번길 54(중촌동 401-15)
맛 ★★★★★ 서비스 ★★★★☆ 시설 ★★★★☆ 가격대비만족도 ★★★★★

서울치킨 042-252-7333 중구 중앙로 112번길 34(대흥동 471-1)
맛 ★★★★☆ 서비스 ★★★★ 시설 ★★★★ 가격대비만족도 ★★★★☆

서원 / 보리굴비 042-822-1272 유성구 유성대로 678(구암동 601-20)
맛 ★★★★ 서비스 ★★★☆ 시설 ★★★★ 가격대비만족도 ★★★★

석이원 / 석이전복백숙 042-485-5520 서구 둔산로137번길 31(둔산동 1477)
맛 ★★★★ 서비스 ★★★★☆ 시설 ★★★★ 가격대비만족도 ★★★★

선화콩나물밥 / 콩나물밥 042-252-5305 중구 선화로 119번길 33(선화동 133-17)
맛 ★★★★☆ 서비스 ★★★★ 시설 ★★★ 가격대비만족도 ★★★★★

설악칡냉면 / 돼지갈비 042-489-5252 서구 둔산대로 117번길 56(만년동 385)
맛 ★★★★ 서비스 ★★★★ 시설 ★★★★☆ 가격대비만족도 ★★★★

설천순대국밥 042-482-4801 서구 둔산로 51번길 66(둔산동 1353)
맛 ★★★★☆ 서비스 ★★★★☆ 시설 ★★★★ 가격대비만족도 ★★★★☆

섬섬옥수 / 퓨전한식 042-825-2333 유성구 문화원로 90(봉명동 621-1)
맛 ★★★★☆ 서비스 ★★★★ 시설 ★★★★☆ 가격대비만족도 ★★★★☆

성심당 / 베이커리 1588-8069 중구 대종로 480번길 15(은행동 145-1)
맛 ★★★★☆ 서비스 ★★★★★ 시설 ★★★★★ 가격대비만족도 ★★★★★

소나무집 / 오징어칼국수 042-256-1464 중구 대종로 460번길 57(대흥동 2-8)
맛 ★★★★ 서비스 ★★★☆ 시설 ★★★☆ 가격대비만족도 ★★★★☆

소나무풍경 / 곰탕 042-525-9925 서구 괴정로 116번길 42(괴정동 85-2)
맛 ★★★★☆ 서비스 ★★★★☆ 시설 ★★★★★ 가격대비만족도 ★★★★★

소담애 / 족발 042-471-3400 서구 계룡로 509번길 45(탄방동 620)
맛 ★★★★⚝ 서비스 ★★★★⚝ 시설 ★★★★ 가격대비만족도 ★★★★⚝

손이가어죽칼국수 042-489-5003 중구 중앙로 121번길 44(선화동 20)
맛 ★★★★⚝ 서비스 ★★★★ 시설 ★★★★ 가격대비만족도 ★★★★⚝

솔밭묵집 042-935-5686 유성구 관용로 51(관평동 542-5)
맛 ★★★★⚝ 서비스 ★★★⚝ 시설 ★★★⚝ 가격대비만족도 ★★★★⚝

솔코리안레스토랑 / 코스한식 042-630-8650 동구 우암로 128 솔브릿지국제대학 1층(삼성동 151-13)
맛 ★★★★⚝ 서비스 ★★★★★ 시설 ★★★★★ 가격대비만족도 ★★★★⚝

수복삼계탕 / 삼계탕 042-489-8233 서구 둔산중로 66 매트로팰리스 109, 110호(둔산동 1405)
맛 ★★★★⚝ 서비스 ★★★★⚝ 시설 ★★★★ 가격대비만족도 ★★★★⚝

수통골감나무집 / 오리요리 042-823-0223 유성구 수통골로 69(덕명동 181-2)
맛 ★★★★⚝ 서비스 ★★★★ 시설 ★★★★⚝ 가격대비만족도 ★★★★⚝

숯골원냉면 / 냉면 042-861-3287 유성구 신성로 84번길 18(신성동 136-3)
맛 ★★★★⚝ 서비스 ★★★★ 시설 ★★★★ 가격대비만족도 ★★★★

스마일칼국수 / 칼국수 042-221-1845 중구 보문로 230번길 82(대흥동 440-1)
맛 ★★★★⚝ 서비스 ★★★★ 시설 ★★★★ 가격대비만족도 ★★★★⚝

스바라시 / 일본식라면 042-477-7909 유성구 문화원로 77(봉명동 611-1)
맛 ★★★★⚝ 서비스 ★★★★ 시설 ★★★⚝ 가격대비만족도 ★★★★⚝

스시안 / 초밥 042-861-5084 유성구 전민로 30번길 46(전민동 338-1)
맛 ★★★★⚝ 서비스 ★★★★ 시설 ★★★★⚝ 가격대비만족도 ★★★★

스시호산 / 회 042-482-0053 서구 대덕대로 366(만년동 282)
맛 ★★★★⚝ 서비스 ★★★★⚝ 시설 ★★★★⚝ 가격대비만족도 ★★★★★

쓰촨 / 중화요리 042-824-8992 유성구 노은동로 79번길 16(노은동 535-29)
맛 ★★★★ 서비스 ★★★★★ 시설 ★★★★ 가격대비만족도 ★★★★★

시골길 / 낙지볶음 042-487-1638 서구 둔산로 31번길 61(둔산동 997)
맛 ★★★★⚝ 서비스 ★★★★ 시설 ★★★★⚝ 가격대비만족도 ★★★★⚝

시골집생태 042-471-5825 서구 한밭대로 592번길 19(월평동 552)
맛 ★★★★⚝ 서비스 ★★★★ 시설 ★★★★⚝ 가격대비만족도 ★★★★⚝

신도칼국수 042-253-6799 동구 대전로 825번길 11(정동 30-16)
맛 ★★★★ 서비스 ★★★★⚝ 시설 ★★★⚝ 가격대비만족도 ★★★★⚝

신미식당 / 선지국밥 042-672-5728 동구 우암로 85번길 35(삼성동 287-1)
맛 ★★★★ 　서비스 ★★★★ 　시설 ★★★★ 　가격대비만족도 ★★★★

신촌설렁탕 042-254-6350 중구 대흥로 15(문화동 1-182)
맛 ★★★★ 　서비스 ★★★★ 　시설 ★★★★ 　가격대비만족도 ★★★★

신토불이추어탕 / 민물장어 042-252-3555 중구 충무로 92번길(대사동 75-19)
맛 ★★★★ 　서비스 ★★★★ 　시설 ★★★★ 　가격대비만족도 ★★★★

쌍용포차 / 철판요리 042-824-9682 유성구 온천북로 13번길 32(봉명동 619-2)
맛 ★★★★ 　서비스 ★★★★★ 　시설 ★★★★ 　가격대비만족도 ★★★★

ㅇ ········47

아람답다 / 전통차 042-825-2862 유성구 학하서로 73 1층(계산동 712-3)
맛 ★★★★ 　서비스 ★★★★ 　시설 ★★★★ 　가격대비만족도 ★★★★

아리랑보쌈 042-862-0955 유성구 신성로 134(신성동 190-5)
맛 ★★★★ 　서비스 ★★★★ 　시설 ★★★★ 　가격대비만족도 ★★★★

아카바의식탁 / 퓨전양식 042-822-6979 유성구 상대동로 2번길(상대동 477-6)
맛 ★★★★ 　서비스 ★★★★ 　시설 ★★★★ 　가격대비만족도 ★★★★

안양해물탕본점 042-221-5669 중구 어덕마을로 146(중촌동 20-14)
맛 ★★★★ 　서비스 ★★★★ 　시설 ★★★★ 　가격대비만족도 ★★★★

양사싯골 / 청국장 042-861-7912 유성구 유성대로 1366번길(방현동 41-2)
맛 ★★★★ 　서비스 ★★★★ 　시설 ★★★★ 　가격대비만족도 ★★★★★

양식당 / 양갈비 042-486-8883 둔산중로 64번길 20(둔산동 1466)
맛 ★★★★ 　서비스 ★★★★★ 　시설 ★★★★ 　가격대비만족도 ★★★★

양촌장어구이 042-933-6464 유성구 구즉로 52번길 29(송강동 177-13)
맛 ★★★★ 　서비스 ★★★★ 　시설 ★★★★ 　가격대비만족도 ★★★★

양화리 / 양갈비 042-824-8886 유성구 문화원로146번길 8-17(봉명동 675-7)
맛 ★★★★ 　서비스 ★★★★ 　시설 ★★★★ 　가격대비만족도 ★★★★

어명이요 / 명태조림 042-936-5025 유성구 관평 1로 71(관평동 1174)
맛 ★★★★ 　서비스 ★★★★ 　시설 ★★★★ 　가격대비만족도 ★★★★

엘마노 / 이탈리안요리 042-862-7004 유성구 신성남로 111번길 16(신성동 126-18)
맛 ★★★★ 　서비스 ★★★★ 　시설 ★★★★ 　가격대비만족도 ★★★★

여리향 / 짬뽕 042-635-0765 대덕구 계족로 564번길 34(중리동 119-1)
맛 ★★★★ 　서비스 ★★★★ 　시설 ★★★★ 　가격대비만족도 ★★★★

영동식당 / 닭볶음탕 042-531-6016 중구 계룡로 874번길 27-9(오류동 153-25)
맛 ★★★★ 　서비스 ★★★★ 　시설 ★★★★ 　가격대비만족도 ★★★★

영동올갱이 / 올갱이해장국 042-482-0643 서구 둔산로 73번길 37(둔산2동 1318)
맛 ★★★★★ 　서비스 ★★★★ 　시설 ★★★★ 　가격대비만족도 ★★★★★

영희네매운등갈비찜 / 등갈비찜 042-523-0155 서구 갈마중로 34(갈마동 345-10)
맛 ★★★★ 　서비스 ★★★★ 　시설 ★★★★ 　가격대비만족도 ★★★★

예지원 / 한정식 042-222-3522 중구 중앙로 16번길 27-18(문화동 1-184)
맛 ★★★★ 　서비스 ★★★★ 　시설 ★★★★ 　가격대비만족도 ★★★★

옛날손만두 042-584-2711 중구 보문산로 62(산성동 279-5)
맛 ★★★★ 　서비스 ★★★★ 　시설 ★★★★ 　가격대비만족도 ★★★★

옛터 / 한식 042-274-4020 동구 산내로 321-37(하소동 361-1)
맛 ★★★★ 　서비스 ★★★★ 　시설 ★★★★ 　가격대비만족도 ★★★★

오문창순대 042-621-4325 대덕구 한밭대로 1153(중리동 203-2)
맛 ★★★★ 　서비스 ★★★★ 　시설 ★★★★ 　가격대비만족도 ★★★★

오시오 칼국수 / 들깨칼국수 042-822-1016 유성구 노은로 410번길 8(하기동 345-1)
맛 ★★★★ 　서비스 ★★★★ 　시설 ★★★★ 　가격대비만족도 ★★★★

오씨칼국수 042-627-9972 동구 옛신탄진로 13(삼성동 304-36)
맛 ★★★★★ 　서비스 ★★★★ 　시설 ★★★★ 　가격대비만족도 ★★★★★

5.5닭갈비 대전본점 042-486-2315 서구 문정로 148(탄방동 1034)
맛 ★★★★ 　서비스 ★★★★ 　시설 ★★★★ 　가격대비만족도 ★★★★

오천항간재미 / 간재미회무침 042-471-4123 서구 계룡로 509번길 41(탄방동 619)
맛 ★★★★ 　서비스 ★★★★ 　시설 ★★★★ 　가격대비만족도 ★★★★

오한순 손수제비 042-301-3484 서구 신갈마로 230번길 36 주은빌라 104호(갈마동 266-1)
맛 ★★★★ 　서비스 ★★★★ 　시설 ★★★★ 　가격대비만족도 ★★★★

옥수숯불구이 / 고추장숯불구이 042-526-8347 서구 변동중로 49(변동 73-34)
맛 ★★★★ 　서비스 ★★★★ 　시설 ★★★★ 　가격대비만족도 ★★★★

옥순네추어칼국수 042-632-7640 대덕구 송촌남로 21-1(송촌동 246-12)
맛 ★★★★ 서비스 ★★★★ 시설 ★★★★ 가격대비만족도 ★★★★

온고을 / 콩나물국밥 042-636-0828 대덕구 한밭대로 1151(중리동 203-1)
맛 ★★★★ 서비스 ★★★★ 시설 ★★★★★ 가격대비만족도 ★★★★

온유네닭매운탕 / 닭매운탕 042-255-9585 서구 문정로 170번길 50(둔산동 2115)
맛 ★★★★ 서비스 ★★★★ 시설 ★★★★ 가격대비만족도 ★★★★

올래국수 / 제주고기국수 042-826-8855 유성구 월드컵대로 290번길 1(상대동 440-8)
맛 ★★★★ 서비스 ★★★★ 시설 ★★★★ 가격대비만족도 ★★★★★

올리브가든 / 핸드메이드파이 042-861-7001 유성구 어은로 48번길 10-5(어은동 114-17)
맛 ★★★★ 서비스 ★★★★ 시설 ★★★★★ 가격대비만족도 ★★★★

옹심이메밀칼국수 042-536-9982 중구 계룡로 904번길 19(문화동 1-96)
맛 ★★★★ 서비스 ★★★★ 시설 ★★★★ 가격대비만족도 ★★★★

왕관식당 / 콩나물밥 042-221-1663 동구 선화로 196번길 6(중동 3-30)
맛 ★★★★ 서비스 ★★★★ 시설 ★★★★★ 가격대비만족도 ★★★★

우리집삼식이회무침 / 삼식이회무침 042-483-8889 서구 둔산남로 9번길 87(둔산2동 1185)
맛 ★★★★ 서비스 ★★★★ 시설 ★★★★★ 가격대비만족도 ★★★★

우미관 / 보리굴비 042-472-0288 서구 둔산로 74번길 37(둔산2동 1214)
맛 ★★★★ 서비스 ★★★★ 시설 ★★★★★ 가격대비만족도 ★★★★

원미면옥 / 냉면 042-271-0157 동구 옥천로 421(비룡동 558)
맛 ★★★★ 서비스 ★★★★ 시설 ★★★★★ 가격대비만족도 ★★★★

월산본가 / 냉면 042-256-4100 중구 대종로 455(대흥동 181-10)
맛 ★★★★ 서비스 ★★★★ 시설 ★★★★★ 가격대비만족도 ★★★★★

유성순대 042-285-3393 중구 대전천서로 211(석교동 57-12)
맛 ★★★★ 서비스 ★★★★ 시설 ★★★ 가격대비만족도 ★★★★

유소춘 / 뒷고기 042-222-9222 중구 목중로 20번길 44(중촌동 401-10)
맛 ★★★★ 서비스 ★★★★ 시설 ★★★ 가격대비만족도 ★★★★

은혜식당 / 갈치,고등어조림 042-625-5248 대덕구 한밭대로 1159번길 11(중리동 204-7)
맛 ★★★★ 서비스 ★★★★ 시설 ★★★★ 가격대비만족도 ★★★★

이계원한정식 042-476-0066 서구 둔산대로 117번길 88(만년동 392)
맛 ★★★★ 서비스 ★★★★ 시설 ★★★★ 가격대비만족도 ★★★★

이비가짬뽕 042-823-7484 유성구 문화원로 39(궁동 462-12)
맛 ★★★★★ 서비스 ★★★★☆ 시설 ★★★★☆ 가격대비만족도 ★★★★★

이치고 / 초밥 042-825-0974 유성구 반석로 12번길 23(반석동 629-8)
맛 ★★★★☆ 서비스 ★★★★ 시설 ★★★★ 가격대비만족도 ★★★★☆

이태리국시 / 퓨전이탈리안요리 042-485-0950 서구 둔산로 31번길 31(둔산동 990)
맛 ★★★★☆ 서비스 ★★★★☆ 시설 ★★★★★ 가격대비만족도 ★★★★☆

이화수 전통육개장 042-825-3406 유성구 도안대로 585(봉명동 554-5)
맛 ★★★★★ 서비스 ★★★★☆ 시설 ★★★★☆ 가격대비만족도 ★★★★★

인근주민 / 통닭 042-824-3199 유성구 문화원로 150(봉명동 677-1)
맛 ★★★★☆ 서비스 ★★★★☆ 시설 ★★★★ 가격대비만족도 ★★★★★

인동왕만두 042-285-5060 동구 대전로 697(인동 54-6)
맛 ★★★★☆ 서비스 ★★★★ 시설 ★★★★☆ 가격대비만족도 ★★★★☆

인정원 / 한정식 042-254-4999 중구 계룡로 755 3층(용두동 138-9)
맛 ★★★★☆ 서비스 ★★★★☆ 시설 ★★★★☆ 가격대비만족도 ★★★★☆

임진강한방숯불장어 / 장어구이 042-825-9200 유성구 문화원로 143(봉명동 666-2)
맛 ★★★★★ 서비스 ★★★★★ 시설 ★★★★★ 가격대비만족도 ★★★★☆

ㅈ ········· 15

자유대반점 / 중화요리 042-472-5605 서구 둔산로 137번길 28(둔산동 1481)
맛 ★★★★☆ 서비스 ★★★★ 시설 ★★★★ 가격대비만족도 ★★★★☆

전복만세 / 전복삼계탕 042-487-2829 서구 둔산대로 117번길 34(만년동 380)
맛 ★★★★★ 서비스 ★★★★☆ 시설 ★★★★☆ 가격대비만족도 ★★★★★

적덕식당 / 족발 042-633-4293 동구 우암로 220-3(가양동 343-10)
맛 ★★★★☆ 서비스 ★★★☆ 시설 ★★★☆ 가격대비만족도 ★★★★☆

정든부속구이 / 부속구이 042-535-7100 서구 탄방로 76(탄방동 86-26)
맛 ★★★★☆ 서비스 ★★★★☆ 시설 ★★★☆ 가격대비만족도 ★★★★☆

정식당 / 닭볶음탕 042-257-5055 중구 중앙로 130번길 37-13(대흥동 216-7)
맛 ★★★★☆ 서비스 ★★★★ 시설 ★★★☆ 가격대비만족도 ★★★★☆

제주뚤향갈치조림 042-471-6767 서구 계룡로 509번길 31 2층(탄방동 616)
맛 ★★★★ 서비스 ★★★★ 시설 ★★★☆ 가격대비만족도 ★★★★★

조기종의 향미각 / 꼬막짬뽕 042-626-8252 대덕구 계족로 564번길 65(중리동 117-6)
맛 ★★★★☆ 서비스 ★★★★ 시설 ★★★★ 가격대비만족도 ★★★★☆

조기천양고기 / 양갈비 042-485-0842 서구 월평중로24번길 53(월평동 659)
맛 ★★★★☆ 서비스 ★★★☆☆ 시설 ★★★☆☆ 가격대비만족도 ★★★★☆

조대포가든 / 돼지구이 042-283-8292 동구 동부로 33번길 1(판암동 524)
맛 ★★★★★ 서비스 ★★★★☆ 시설 ★★★★ 가격대비만족도 ★★★★☆

조리미 / 명태시래기조림 042-825-1554 유성구 노은동로 75번길 20(노은동 534-15)
맛 ★★★★☆ 서비스 ★★★★☆ 시설 ★★★★☆ 가격대비만족도 ★★★★☆

족발제작소 / 족발 042-541-6676 서구 용소로 12번길 16-4(가수원동 915)
맛 ★★★★☆ 서비스 ★★★★☆ 시설 ★★★★☆ 가격대비만족도 ★★★★☆

지성훈왕족발 042-320-5555 유성구 반석동로 34번길 33(반석동 644-10)
맛 ★★★★☆ 서비스 ★★★★ 시설 ★★★★ 가격대비만족도 ★★★★★

진로집 / 두부두루치기 042-226-0914 중구 중교로 45-5(대흥동 314-1)
맛 ★★★★☆ 서비스 ★★★★ 시설 ★★★★☆ 가격대비만족도 ★★★★☆

진수메밀냉면 042-586-7892 중구 보문산로 56-1(산성동 279-3)
맛 ★★★★ 서비스 ★★★★ 시설 ★★★★ 가격대비만족도 ★★★★☆

진월당 / 팥죽 042-826-5711 유성구 봉명서로 27-4(봉명동 1049-5)
맛 ★★★★☆ 서비스 ★★★★ 시설 ★★★★☆ 가격대비만족도 ★★★★★

ㅊ ········ 7

참치정육점 / 참치회 042-524-1249 서구 문정로 158-1(탄방동 1157)
맛 ★★★★☆ 서비스 ★★★★☆ 시설 ★★★★ 가격대비만족도 ★★★★☆

천개동농장 / 오리로스 042-274-2100 동구 천개동로 251번길 12-51(효평동 570-16)
맛 ★★★★☆ 서비스 ★★★★ 시설 ★★★★☆ 가격대비만족도 ★★★★☆

천리집 / 순대 042-864-3880 유성구 신성남로 127(신성동 125-3)
맛 ★★★★☆ 서비스 ★★★☆☆ 시설 ★★★☆☆ 가격대비만족도 ★★★★☆

천수맛집 / 비빔밥 042-826-3335 유성구 지족로 349번길 42(지족동 981-1)
맛 ★★★★☆ 서비스 ★★★★☆ 시설 ★★★★ 가격대비만족도 ★★★★☆

청솔식당 / 한식 042-626-3189 동구 가양로 150(가양1동 427-15)
맛 ★★★★☆ 서비스 ★★★★★ 시설 ★★★★ 가격대비만족도 ★★★★☆

초가집 / 김치두부수육 042-533-5667 서구 갈마로 85번길 30(갈마동 396-16)
맛 ★★★★☆ 서비스 ★★★★ 시설 ★★★☆☆ 가격대비만족도 ★★★★★

축제갈비 / 돼지갈비 042-546-9282 서구 관저남로 25번길 23-11(관저동 1553-2)
맛 ★★★★ 서비스 ★★★★ 시설 ★★★★ 가격대비만족도 ★★★★★

ㅋ ········ 2

컬리나리아 / 토마호크스테이크 042-471-1090 서구 둔산대로 117번길 리더스타운 A동 1층(만년동 307) 95
맛 ★★★★ 서비스 ★★★★ 시설 ★★★★ 가격대비만족도 ★★★★

케이인하우스 루 / 한정식 042-824-3900 유성구 봉명로 27-27(원신흥동 491-7)
맛 ★★★★ 서비스 ★★★★ 시설 ★★★★★ 가격대비만족도 ★★★★★

ㅌ ········ 6

태강닭불고기쫌장어 042-535-7366 중구 동서대로 1208-3(태평동 379-33)
맛 ★★★★ 서비스 ★★★★ 시설 ★★★★ 가격대비만족도 ★★★★

태원 / 중화요리 042-488-8836 서구 문정로 19(둔산2동 1242)
맛 ★★★★ 서비스 ★★★★ 시설 ★★★★ 가격대비만족도 ★★★★

태평소국밥 / 소고기무국 042-522-5757 중구 태평로 116(태평동 375-18)
맛 ★★★★ 서비스 ★★★★ 시설 ★★★★ 가격대비만족도 ★★★★

태화장 / 중화요리 042-256-2407 동구 중앙로 203번길 78(정동 36-32)
맛 ★★★★ 서비스 ★★★★ 시설 ★★★★ 가격대비만족도 ★★★★

토담낙지한마당 / 낙지요리 042-489-5330 서구 둔산로 123번길 28(둔산1동 1474)
맛 ★★★★ 서비스 ★★★★ 시설 ★★★★ 가격대비만족도 ★★★★

토박이 / 오징어불고기 042-252-3470 중구 중앙로 156번길 41-9 (은행동169-13)
맛 ★★★★ 서비스 ★★★★ 시설 ★★★★ 가격대비만족도 ★★★★

ㅍ ········ 5

팡시온 / 브런치카페 042-273-1717 동구 회남로 275번길(신촌동 362-5)
맛 ★★★★ 서비스 ★★★★ 시설 ★★★★ 가격대비만족도 ★★★★★

평산면옥 / 냉면 042-582-5215 중구 유천로 18번길 9(유천2동 171-14)
맛 ★★★★ 서비스 ★★★★ 시설 ★★★★ 가격대비만족도 ★★★★

평양숨두부 042-284-4141 동구 대전로 381(대성동 163-2)
맛 ★★★★ 가격 ★★★★ 시설 ★★★★ 가격대비만족도 ★★★★

풍전삼계탕 042-627-7788 동구 계족로 414(용전동 145-9)
맛 ★★★★ 서비스 ★★★★ 시설 ★★★★ 가격대비만족도 ★★★★

피제리아다알리 / 화덕피자 042-825-8308 유성구 지족로 349번길(지족동 981-2)
맛 ★★★★★   서비스 ★★★★   시설 ★★★★   가격대비만족도 ★★★★

ㅎ ········· 20

하루방만두 042-226-2828 중구 목중로 10번길(중촌동 410-22)
맛 ★★★★   서비스 ★★★★   시설 ★★★★   가격대비만족도 ★★★★

한마음면옥 / 냉면 042-822-0159 유성구 학하서로 77번길 17(계산동 711-3)
맛 ★★★★★   서비스 ★★★★   시설 ★★★★   가격대비만족도 ★★★★

한미당 / 김치찌개 042-541-2525 유성구 용계동 165-9
맛 ★★★★★   서비스 ★★★★   시설 ★★★★   가격대비만족도 ★★★★

한민원조막창 / 막창 042-535-4582 서구 괴정로 134번길 48 한민시장 303호(괴정동 84-10)
맛 ★★★★   서비스 ★★★★   시설 ★★★★   가격대비만족도 ★★★★

한방삼계탕 042-861-6127 유성구 전민로 14번길 43(전민동 332-3)
맛 ★★★★★   서비스 ★★★★   시설 ★★★★   가격대비만족도 ★★★★

한스브레드 / 크로와상 042-255-0089 유성구 월드컵대로 316번길 17(상대동 454-7)
맛 ★★★★★   서비스 ★★★★   시설 ★★★★   가격대비만족도 ★★★★

한알천식당 / 막국수 042-823-8223 유성구 북유성대로 487번길 37(외삼동 448)
맛 ★★★★★   서비스 ★★★★   시설 ★★★★   가격대비만족도 ★★★★

한우김삿갓 / 한우 042-863-6076 유성구 유성대로 1184번길 11-27(신성동 192-12)
맛 ★★★★★   서비스 ★★★★   시설 ★★★★   가격대비만족도 ★★★★

한우백화점 / 한우 042-635-0031 대덕구 중리서로 80(중리동 365-2)
맛 ★★★★★   서비스 ★★★★   시설 ★★★★   가격대비만족도 ★★★★

함초양념갈비 / 돼지갈비 042-624-1184 동구 계족로 508(용전동 43-5)
맛 ★★★★   서비스 ★★★★   시설 ★★★★   가격대비만족도 ★★★★

항아리보쌈 / 보쌈 042-537-4004 중구 계룡로 874번길 25(오류동 153-3)
맛 ★★★★★   서비스 ★★★★   시설 ★★★   가격대비만족도 ★★★★

행복한분식 / 잔치국수 042-484-2080 서구 둔산로 206번길(둔산동 1912)
맛 ★★★★★   서비스 ★★★★   시설 ★★   가격대비만족도 ★★★★

홍두깨칼국수 042-254-8314 중구 충무로 107번길 15(대흥동 378-25)
맛 ★★★★★   서비스 ★★★★   시설 ★★★   가격대비만족도 ★★★★

홍천식당 / 콩나물밥 042-822-3175 유성구 계룡로 74번길 8(봉명동 448-14)
맛 ★★★★☆   서비스 ★★★★   시설 ★★★★   가격대비만족도 ★★★★☆

황금모자 왕만두 042-825-0435 유성구 노은로 178(지족동 901-2)
맛 ★★★★☆   서비스 ★★★★☆   시설 ★★★☆   가격대비만족도 ★★★★☆

황산옥 / 복어요리 042-826-0155 유성구 문화원로 100(봉명동 621-5)
맛 ★★★★☆   서비스 ★★★★   시설 ★★★★   가격대비만족도 ★★★★☆

황태고을 / 황태탕 042-823-5458 유성구 문화원로 153(봉명동 668-6)
맛 ★★★★★   서비스 ★★★★   시설 ★★★★   가격대비만족도 ★★★★

황토우렁이마을 / 우렁쌈밥 042-582-0118 중구 대둔산로 454(산성동 160-14)
맛 ★★★★☆   서비스 ★★★★   시설 ★★★☆   가격대비만족도 ★★★★☆

회랑 / 청국장 042-523-3245 서구 제비네 4길 9(도마동 172-11)
맛 ★★★★★   서비스 ★★★★   시설 ★★★   가격대비만족도 ★★★★☆

흑룡산 촌두부 / 손두부 042-824-0511 유성구 수통골로 65-7(덕명동 182-9)
맛 ★★★★☆   서비스 ★★★★   시설 ★★★★   가격대비만족도 ★★★★☆

지역별

서구

상호 / 메뉴	맛	서비스	시설	가격대비만족도
깡순이네닭내장탕 / 닭내장탕	★★★★	★★★★☆	★★★★	★★★★☆
구들마루 / 곱창전골	★★★★☆	★★★★	★★★★	★★★★☆
귀빈돌솥밥 / 돌솥밥	★★★★	★★★★	★★★★	★★★★
대게킹 / 대게킹크랩랍스타	★★★★	★★★★☆	★★★★	★★★★
대관령양푼이동태찌개	★★★★☆	★★★★	★★★★	★★★★☆
대선칼국수 / 수육	★★★★☆	★★★★	★★★★	★★★★★
도발0948 / 튀김족발	★★★★	★★★★	★★★★☆	★★★★
동방명주 / 중화요리	★★★★	★★★★	★★★★	★★★★
동원칼국수	★★★★☆	★★★★☆	★★★★☆	★★★★☆
동천홍 / 사천탕면	★★★★	★★★★	★★★★	★★★★
두부사랑 / 손두부전골	★★★★	★★★★	★★★★☆	★★★★
띠울석갈비 / 석갈비	★★★★	★★★★	★★★★	★★★★
등대민물매운탕	★★★★	★★★★☆	★★★★	★★★★
만년애한우바보곰탕 / 방치찜	★★★★	★★★★★	★★★★	★★★★
맛보고 / 한식부페	★★★★☆	★★★★	★★★★☆	★★★★☆
맛청 / 퓨전일식	★★★★	★★★★	★★★★	★★★★☆
매화도 / 회	★★★★☆	★★★★	★★★★	★★★★
목련관 / 한정식	★★★★★	★★★★★	★★★★	★★★★★
문향재 / 한정식	★★★★	★★★★	★★★★	★★★★★
미세노센세 / 일본식카레	★★★★	★★★★	★★★★	★★★★☆
미진 / 소바	★★★★☆	★★★★	★★★★	★★★★
반갱 / 퓨전한식	★★★★	★★★★	★★★★	★★★★
백조한우마을 / 한우	★★★★	★★★☆	★★★★	★★★★☆
병규돈가스 / 수제돈가스	★★★★	★★★★	★★★★☆	★★★★★
북하라인디아 / 인도요리	★★★★	★★★★	★★★★	★★★★
사리원 / 냉면	★★★★	★★★★☆	★★★★★	★★★★
삼일꽃게식당 / 꽃게탕	★★★★	★★★★	★★★★	★★★★
석이원 / 석이전복백숙	★★★★	★★★★	★★★★	★★★★
설악칡냉면 / 돼지갈비	★★★★	★★★★	★★★★☆	★★★★
설천순대국밥	★★★★	★★★★	★★★★	★★★★☆
소나무풍경 / 곰탕	★★★★	★★★★	★★★★★	★★★★★
소담애 / 족발	★★★★☆	★★★★	★★★★	★★★★☆
수복삼계탕 / 삼계탕	★★★★	★★★★	★★★★	★★★★
스시호산 / 회	★★★★	★★★★	★★★★	★★★★☆
시골길 / 낙지볶음	★★★★	★★★★☆	★★★★	★★★★☆
시골집생태	★★★★	★★★★	★★★★	★★★★☆
양식당 / 양갈비	★★★★☆	★★★★★	★★★★☆	★★★★

상호 / 메뉴	맛	서비스	시설	가격대비만족도
영동올갱이 / 올갱이해장국	★★★★★	★★★★	★★★★	★★★★★
영희네매운등갈비찜 / 등갈비찜	★★★★	★★★★	★★★★	★★★★
5.5닭갈비 대전본점	★★★★	★★★★	★★★★	★★★★
오천항간재미 / 간재미회무침	★★★★★	★★★★★	★★★★	★★★★
오한순 손수제비	★★★★	★★★★	★★★★	★★★★
옥수숯불구이 / 고추장숯불구이	★★★★	★★★★	★★★★	★★★★
온유네닭매운탕 / 닭매운탕	★★★★	★★★★	★★★★	★★★★
우리집삼식이회무침 / 삼식이회무침	★★★★	★★★★	★★★★	★★★★
우미관 / 보리굴비	★★★★	★★★★	★★★★	★★★★
이계원한정식	★★★★	★★★★	★★★★	★★★★
이태리국시 / 퓨전이탈리안요리	★★★★	★★★★	★★★★	★★★★
자유대반점 / 중화요리	★★★★	★★★★	★★★★	★★★★
전복만세 / 전복삼계탕	★★★★	★★★★	★★★★	★★★★★
정든부속구이 / 부속구이	★★★★	★★★★	★★★★	★★★★
제주뜰향갈치조림	★★★★	★★★★	★★★★	★★★★
조기천양고기 / 양갈비	★★★★	★★★★	★★★★	★★★★
족발제소 / 족발	★★★★	★★★★	★★★★	★★★★
참치정육점 / 참치회	★★★★	★★★★	★★★★	★★★★
초가집 / 김치두부수육	★★★★	★★★★	★★★★	★★★★★
축제갈비 / 돼지갈비	★★★★	★★★★	★★★★	★★★★★
컬리나리아 / 토마호크스테이크	★★★★★	★★★★	★★★★	★★★★
태원 / 중화요리	★★★★	★★★★	★★★★	★★★★
토담낙지하마당 / 낙지요리	★★★★	★★★★	★★★★	★★★★
한민원조막창 / 막창	★★★★	★★★★	★★★★	★★★★
행복한분식 / 잔치국수	★★★★	★★★★	★★★	★★★★
회랑 / 청국장	★★★★★	★★★★	★★★★	★★★★

중구

상호 / 메뉴	맛	서비스	시설	가격대비만족도
고단백식당 / 콩국수	★★★★	★★★★	★★★	★★★★
공주분식 / 칼국수	★★★★	★★★★	★★★★	★★★★
광천식당 / 두부두루치기	★★★★★	★★★★	★★★★	★★★★
권영분영동뜨끈이 / 뼈해장국	★★★★	★★★★	★★★★	★★★★★
금광한정식	★★★★	★★★★	★★★★	★★★★★
김판순김치찌개	★★★★	★★★★★	★★★★	★★★★
내집식당 / 올갱이해장국	★★★★	★★★★★	★★★★	★★★★
논두렁추어칼국수	★★★★	★★★★★	★★★★	★★★★
농민순대	★★★★	★★★★	★★★★★	★★★★
대들보함흥면옥 / 냉면	★★★★★	★★★★	★★★★	★★★★

대명골보리밥	맛 ★★★★½	서비스 ★★★½	시설 ★★★½	가격대비만족도 ★★★★½
대성관 / 짬뽕	맛 ★★★★½	서비스 ★★★½	시설 ★★★½	가격대비만족도 ★★★★½
대전갈비집 / 돼지갈비	맛 ★★★★★	서비스 ★★★★½	시설 ★★★★	가격대비만족도 ★★★★½
대전부르스 / 안주류	맛 ★★★★½	서비스 ★★★★½	시설 ★★★½	가격대비만족도 ★★★★½
동소예생선구이	맛 ★★★★	서비스 ★★★★	시설 ★★★½	가격대비만족도 ★★★★½
메밀고개시골막국수	맛 ★★★★	서비스 ★★★★	시설 ★★★★	가격대비만족도 ★★★★½
반찬식당 / 보리밥	맛 ★★★★	서비스 ★★★★	시설 ★★★½	가격대비만족도 ★★★★½
별뜨는집 / 고등어조림	맛 ★★★★★	서비스 ★★★★½	시설 ★★★	가격대비만족도 ★★★★★
복수분식 / 칼국수	맛 ★★★★½	서비스 ★★★★	시설 ★★★½	가격대비만족도 ★★★★½
부여통닭 / 치킨	맛 ★★★★½	서비스 ★★★★½	시설 ★★★★½	가격대비만족도 ★★★★½
부잣집곰탕	맛 ★★★★	서비스 ★★★★½	시설 ★★★½	가격대비만족도 ★★★★½
서울곱창 / 김치곱창전골	맛 ★★★★½	서비스 ★★★★	시설 ★★★½	가격대비만족도 ★★★★½
서울북어 / 북어탕	맛 ★★★★★	서비스 ★★★★½	시설 ★★★★½	가격대비만족도 ★★★★★
서울치킨	맛 ★★★★½	서비스 ★★★★	시설 ★★★★	가격대비만족도 ★★★★½
선화콩나물밥 / 콩나물밥	맛 ★★★★½	서비스 ★★★★	시설 ★★★	가격대비만족도 ★★★★★
성심당 / 베이커리	맛 ★★★★★	서비스 ★★★★★	시설 ★★★★★	가격대비만족도 ★★★★★
소나무집 / 오징어칼국수	맛 ★★★★	서비스 ★★★½	시설 ★★★½	가격대비만족도 ★★★★½
손이가어죽칼국수	맛 ★★★★½	서비스 ★★★★	시설 ★★★★	가격대비만족도 ★★★★½
스마일칼국수 / 칼국수	맛 ★★★★½	서비스 ★★★★	시설 ★★★★	가격대비만족도 ★★★★½
신촌설렁탕	맛 ★★★★½	서비스 ★★★★	시설 ★★★★	가격대비만족도 ★★★★½
신토불이추어탕 / 민물장어	맛 ★★★★	서비스 ★★★★	시설 ★★★½	가격대비만족도 ★★★★
안양해물탕본점	맛 ★★★★	서비스 ★★★★	시설 ★★★½	가격대비만족도 ★★★★
영동식당 / 닭볶음탕	맛 ★★★★½	서비스 ★★★½	시설 ★★★½	가격대비만족도 ★★★★½
예지원 / 한정식	맛 ★★★★½	서비스 ★★★★	시설 ★★★★	가격대비만족도 ★★★★½
옛날손만두	맛 ★★★★½	서비스 ★★★★	시설 ★★★★	가격대비만족도 ★★★★½
옹심이메밀칼국수	맛 ★★★★½	서비스 ★★★½	시설 ★★★★½	가격대비만족도 ★★★★½
월산본가 / 냉면	맛 ★★★★½	서비스 ★★★★	시설 ★★★★	가격대비만족도 ★★★★★
유성순대	맛 ★★★★½	서비스 ★★★½	시설 ★★★	가격대비만족도 ★★★★½
유소춘 / 뒷고기	맛 ★★★★½	서비스 ★★★★½	시설 ★★★	가격대비만족도 ★★★★½
인정원 / 한정식	맛 ★★★★½	서비스 ★★★★½	시설 ★★★½	가격대비만족도 ★★★★½
정식당 / 닭볶음탕	맛 ★★★★½	서비스 ★★★★	시설 ★★★½	가격대비만족도 ★★★★½
진로집 / 두부두루치기	맛 ★★★★½	서비스 ★★★★	시설 ★★★½	가격대비만족도 ★★★★½
진수메밀냉면	맛 ★★★★	서비스 ★★★★	시설 ★★★★	가격대비만족도 ★★★★½
태강닭불고기꼼장어	맛 ★★★★½	서비스 ★★★★	시설 ★★★½	가격대비만족도 ★★★★½
태평소국밥 / 소고기무국	맛 ★★★★★	서비스 ★★★★½	시설 ★★★½	가격대비만족도 ★★★★½
토박이 / 오징어불고기	맛 ★★★★	서비스 ★★★½	시설 ★★★½	가격대비만족도 ★★★★
평산면옥 / 냉면	맛 ★★★★½	서비스 ★★★★	시설 ★★★½	가격대비만족도 ★★★★½
하루방만두	맛 ★★★★½	서비스 ★★★★	시설 ★★★½	가격대비만족도 ★★★★½

상호 / 메뉴	맛	서비스	시설	가격대비만족도
항아리보쌈 / 보쌈	★★★★☆	★★★★	★★★☆	★★★★☆
홍두깨칼국수	★★★★☆	★★★★	★★★★☆	★★★★☆
황토우렁이마을 / 우렁쌈밥	★★★★☆	★★★★	★★★★☆	★★★★☆

유성구

상호 / 메뉴	맛	서비스	시설	가격대비만족도
갑동숯골냉면	★★★★☆	★★★★	★★★★☆	★★★★
강구항 / 물회	★★★★☆	★★★★	★★★★☆	★★★★☆
거저울 곤드레돌솥밥	★★★★☆	★★★★☆	★★★★	★★★★☆
젠지 / 초밥	★★★★	★★★★	★★★★☆	★★★★☆
광세족발	★★★★☆	★★★★	★★★★	★★★★☆
권인순갈비김치찌개	★★★★☆	★★★★	★★★★★	★★★★☆
금강참붕어찜	★★★★	★★★★	★★★★	★★★★☆
나무사이로 / 오리진흙구이	★★★★☆	★★★★☆	★★★★	★★★★★
남해아구찜 / 내장수육	★★★★☆	★★★★☆	★★★★☆	★★★★☆
녹원 / 간장게장	★★★★☆	★★★★	★★★★	★★★★☆
누오보나폴리 / 피자	★★★★☆	★★★★☆	★★★★	★★★★
다미원 / 쌈밥	★★★★	★★★★	★★★★	★★★★☆
다솜차반 / 한정식	★★★★☆	★★★★	★★★★	★★★★☆
다해어죽 / 어죽	★★★★☆	★★★★	★★★★	★★★★☆
더함뜰 / 한정식	★★★★☆	★★★	★★★★	★★★★☆
동신수산 / 회	★★★★☆	★★★★	★★★★	★★★★☆
라무다찌 / 양갈비	★★★★☆	★★★★☆	★★★★★	★★★★☆
란스시 / 초밥	★★★★☆	★★★★	★★★★	★★★★
마라소 소고기보신탕 / 소갈비찜	★★★★☆	★★★★★	★★★★	★★★★☆
마시기통자 / 뒷고기	★★★★☆	★★★★	★★★★	★★★★☆
마초부엌 / 철판요리	★★★★☆	★★★★☆	★★★★	★★★★☆
모밥 / 백반	★★★★	★★★★	★★★★	★★★★☆
바질리코 / 이탈리안요리	★★★★☆	★★★★	★★★★	★★★★☆
백마강참숯민물장어 / 장어구이	★★★★☆	★★★★	★★★★	★★★★☆
복덩어리 / 복어요리	★★★★☆	★★★★	★★★★	★★★★☆
사랑담은 / 가정식백반	★★★★☆	★★★★	★★★★☆	★★★★☆
살루떼 / 이탈리안요리	★★★★☆	★★★★☆	★★★★	★★★★☆
서원 / 보리굴비	★★★★	★★★☆	★★★★	★★★★
섬섬옥수 / 퓨전한식	★★★★☆	★★★★	★★★★☆	★★★★☆
솔밭묵집	★★★★	★★★☆	★★★☆	★★★★
수통골감나무집 / 오리요리	★★★★☆	★★★★	★★★★☆	★★★★
숯골원냉면 / 냉면	★★★★☆	★★★★	★★★★	★★★★☆
스바라시 / 일본식라면	★★★★☆	★★★★	★★★★☆	★★★★☆
스시안 / 초밥	★★★★☆	★★★★★	★★★★☆	★★★★

상호 / 메뉴	맛	서비스	시설	가격대비만족도
쓰촨 / 중화요리	★★★★	★★★★☆	★★★★	★★★★★
아람답다 / 전통차	★★★★☆	★★★★☆	★★★★☆	★★★★☆
아리랑보쌈	★★★★☆	★★★★	★★★★☆	★★★★☆
아카바의식탁 / 퓨전양식	★★★★	★★★★	★★★★	★★★★
양사싯골 / 청국장	★★★★	★★★★	★★★★	★★★★★
양촌장어구이	★★★★	★★★★	★★★★	★★★★
양화리 / 양갈비	★★★★	★★★★	★★★★	★★★★
어명이요 / 명태조림	★★★★	★★★★	★★★★	★★★★☆
엘마노 / 이탈리안요리	★★★★	★★★★	★★★★	★★★★
오시오 칼국수 / 들깨칼국수	★★★★	★★★★	★★★★	★★★★
올래국수 / 제주고기국수	★★★★	★★★★	★★★★	★★★★★
올리브가든 / 핸드메이드파이	★★★★	★★★★	★★★★	★★★★
이비가짬뽕	★★★★☆	★★★★☆	★★★★	★★★★★
이치고 / 초밥	★★★★	★★★★	★★★★	★★★★
이화수 전통육개장	★★★★	★★★★	★★★★☆	★★★★☆
인근주민 / 통닭	★★★★	★★★★	★★★★	★★★★
임진강한방숯불장어 / 장어구이	★★★★☆	★★★★★	★★★★★	★★★★☆
조리미 / 명태시래기조림	★★★★	★★★★	★★★★☆	★★★★
지성훈왕족발	★★★★☆	★★★★	★★★★	★★★★★
진월당 / 팥죽	★★★★☆	★★★★	★★★★☆	★★★★☆
천리집 / 순대	★★★★☆	★★★☆	★★★☆	★★★★☆
천수맛집 / 비빔밥	★★★★	★★★★	★★★★	★★★★
케이인하우스 루 / 한정식	★★★★	★★★★	★★★★★	★★★★
피제리아다알리 / 화덕피자	★★★★	★★★★	★★★★	★★★★
한마음면옥 / 냉면	★★★★	★★★★	★★★★	★★★★☆
한끼당 / 김치찌개	★★★★	★★★★☆	★★★★	★★★★
한방삼계탕	★★★★	★★★★	★★★★	★★★★
한알천식당 / 막국수	★★★★	★★★★	★★★★	★★★★☆
한우김삿갓 / 한우	★★★★	★★★★	★★★★☆	★★★★
홍천식당 / 콩나물밥	★★★★	★★★★	★★★★	★★★★
황금모자 왕만두	★★★★☆	★★★★☆	★★★☆	★★★★
황산옥 / 복어요리	★★★★	★★★★	★★★★	★★★★☆
황태고을 / 황태탕	★★★★	★★★★	★★★★	★★★★
흑룡산 촌두부 / 손두부	★★★★	★★★★	★★★★	★★★★

대덕구

상호 / 메뉴	맛	서비스	시설	가격대비만족도
꽁뚜 / 베이징카오야	★★★★	★★★★☆	★★★★☆	★★★★★
또랑 / 돼지갈비	★★★★☆	★★★★☆	★★★★	★★★★
부추해물칼국수	★★★★☆	★★★★	★★★★	★★★★☆

상호 / 메뉴	맛	서비스	시설	가격대비만족도
여리향 / 짬뽕	★★★★☆	★★★★	★★★★	★★★★☆
오문창순대	★★★★☆	★★★★	★★★☆	★★★★☆
옥순네추어칼국수	★★★★	★★★★	★★★★	★★★★
온고을 / 콩나물국밥	★★★★	★★★★	★★★★	★★★★
은혜식당 / 갈치,고등어조림	★★★★	★★★★	★★★☆	★★★★
조기종의 향미각 / 꼬막짬뽕	★★★★☆	★★★★	★★★★	★★★★

동구

상호 / 메뉴	맛	서비스	시설	가격대비만족도
개천식당 / 만둣국	★★★★☆	★★★☆	★★★☆	★★★★
경동오징어국수	★★★★	★★★★	★★★☆	★★★★
궁맛목은지 / 찌개	★★★★	★★★★	★★★★	★★★★
금성삼계탕	★★★★	★★★★	★★★★	★★★★
더리스 / 브라질요리	★★★★★	★★★★★	★★★★★	★★★★☆
명랑식당 / 육개장	★★★★☆	★★★★	★★★★	★★★★
별난집 / 두부두루치기	★★★★☆	★★★★	★★★★	★★★★
봉이호떡	★★★★	★★★★	★★★★	★★★★★
삼대째전통칼국수	★★★★☆	★★★★	★★★★	★★★★
솔코리안레스토랑 / 코스한식	★★★★★	★★★★★	★★★★★	★★★★★
신도칼국수	★★★★	★★★☆	★★★☆	★★★★☆
신미식당 / 선지국밥	★★★★☆	★★★☆	★★★★	★★★★
옛터 / 한식	★★★★	★★★★	★★★★☆	★★★★
오씨칼국수	★★★★★	★★★★	★★★★	★★★★★
왕관식당 / 콩나물밥	★★★★	★★★★	★★★★	★★★★
원미면옥 / 냉면	★★★★	★★★★	★★★☆	★★★★
인동왕만두	★★★★	★★★★	★★★★	★★★★
적덕식당 / 족발	★★★★	★★★★☆	★★★☆	★★★★
조대포가든 / 돼지구이	★★★★★	★★★★☆	★★★★	★★★★
천개동농장 / 오리로스	★★★★	★★★★	★★★★	★★★★
청솔식당 / 한식	★★★★	★★★★★	★★★★	★★★★
태화장 / 중화요리	★★★★	★★★★	★★★★	★★★★
팡시온 / 브런치카페	★★★★	★★★★	★★★★☆	★★★★
평양순두부	★★★★	★★★★★	★★★★	★★★★
풍전삼계탕	★★★★	★★★★★	★★★★☆	★★★★
한스브레드 / 크로와상	★★★★	★★★★★	★★★★	★★★★
함초양념갈비 / 돼지갈비	★★★★	★★★★★	★★★★	★★★★☆

메뉴별

한식

상호 / 메뉴	맛	서비스	시설	가격대비만족도
갑동숯골냉면	★★★★✩	★★★★	★★★★✩	★★★★
깡순이네닭내장탕 / 닭내장탕	★★★★	★★★★✩	★★★★	★★★★✩
개천식당 / 만둣국	★★★★	★★★✩	★★✩	★★★★
거저울 곤드레돌솥밥	★★★★	★★★★✩	★★★★✩	★★★★✩
겐지 / 초밥	★★★★	★★★★	★★★★	★★★★
광세족발	★★★★✩	★★★★	★★★★	★★★★✩
광천식당 / 두부두루치기	★★★★	★★★★	★★★★✩	★★★★✩
구들마루 / 곱창전골	★★★★	★★★★	★★★★	★★★★
궁맛묵은지 / 찌개	★★★★✩	★★★★	★★★★	★★★★
권영분영동뜨끈이 / 뼈해장국	★★★★	★★★★	★★★★	★★★★✩
권인순갈비김치찌개	★★★★	★★★★	★★★★★	★★★★
귀빈돌솥밥 / 돌솥밥	★★★★	★★★★	★★★★	★★★★
금강참붕어찜	★★★★	★★★★	★★★★✩	★★★★✩
금성삼계탕	★★★★	★★★★	★★★★	★★★★
금광한정식	★★★★✩	★★★★✩	★★★★✩	★★★★✩
김판순김치찌개	★★★★	★★★★	★★★★	★★★★✩
나무사이로 / 오리진흙구이	★★★★	★★★★	★★★★	★★★★✩
남해아구찜 / 내장수육	★★★★	★★★★	★★★★	★★★★
내집식당 / 올갱이해장국	★★★★	★★★★	★★★★	★★★★✩
녹원 / 간장게장	★★★★	★★★★	★★★★	★★★★✩
농민순대	★★★★	★★★★	★★★★★	★★★★✩
다미원 / 쌈밥	★★★★	★★★★	★★★★	★★★★
다솜차반 / 한정식	★★★★	★★★★	★★★★	★★★★
다해어죽 / 어죽	★★★★	★★★★	★★★★	★★★★
대관령양푼이동태찌개	★★★★	★★★★	★★★★	★★★★
대들보함흥면옥 / 냉면	★★★★★	★★★★	★★★★	★★★★
대명골보리밥	★★★★	★★★★✩	★★★★✩	★★★★
대선칼국수 / 수육	★★★★✩	★★★★	★★★★	★★★★✩
대전갈비집 / 돼지갈비	★★★★✩	★★★★	★★★★	★★★★✩
대전부르스 / 안주류	★★★★✩	★★★★	★★★★	★★★★
더함뜰 / 한정식	★★★★	★★★	★★★★	★★★★
도발0948 / 튀김족발	★★★★	★★★★	★★★★	★★★★
또랑 / 돼지갈비	★★★★	★★★★	★★★★	★★★★
동소예생선구이	★★★★	★★★★	★★★★	★★★★
두부사랑 / 손두부전골	★★★★	★★★★	★★★★✩	★★★★✩
띠울석갈비 / 석갈비	★★★★	★★★★	★★★★	★★★★✩
등대민물매운탕	★★★★✩	★★★★✩	★★★★	★★★★

상호 / 메뉴	맛	서비스	시설	가격대비만족도
마라소 소고기보신탕 / 소갈비찜	★★★★☆	★★★★★	★★★★☆	★★★★☆
마시기통차 / 뒷고기	★★★★☆	★★★★	★★★	★★★★☆
만년애한우바보곰탕 / 방치찜	★★★★☆	★★★★☆	★★★★	★★★★☆
맛보고 / 한식부페	★★★★★	★★★★☆	★★★★	★★★★★
명랑식당 / 육개장	★★★★	★★★★	★★★	★★★★
모밥 / 백반	★★★★	★★★	★★★	★★★★
목련관 / 한정식	★★★★☆	★★★★☆	★★★★	★★★★☆
문향재 / 한정식	★★★★	★★★★	★★★★☆	★★★★
반갱 / 퓨전한식	★★★★	★★★★	★★★★☆	★★★★☆
반찬식당 / 보리밥	★★★★	★★★★	★★★	★★★★
백마강참숯민물장어 / 장어구이	★★★★	★★★★☆	★★★★☆	★★★★☆
백조한우마을 / 한우	★★★★☆	★★★☆	★★★	★★★★
별난집 / 두부두루치기	★★★★☆	★★★★	★★★	★★★★
별뜨는집 / 고등어조림	★★★★☆	★★★★	★★★	★★★★
부여통닭 / 치킨	★★★★☆	★★★★☆	★★★★☆	★★★★☆
부잣집곰탕	★★★★	★★★★	★★★★	★★★★
사랑담은 / 가정식백반	★★★★☆	★★★★☆	★★★★	★★★★★
삼일꽃게식당 / 꽃게탕	★★★★	★★★★	★★★★	★★★★
서울곱창 / 김치곱창전골	★★★★☆	★★★★	★★★★	★★★★☆
서울북어 / 북어탕	★★★★★	★★★★☆	★★★★☆	★★★★☆
서울치킨	★★★★	★★★★	★★★★	★★★★☆
서원 / 보리굴비	★★★★	★★★☆	★★★★	★★★★
석이원 / 석이전복백숙	★★★★	★★★★	★★★★	★★★★
선화콩나물밥 / 콩나물밥	★★★	★★★★	★★★	★★★★
설악칡냉면 / 돼지갈비	★★★★	★★★★	★★★★	★★★★
설천순대국밥	★★★★	★★★★	★★★★	★★★★
섬섬옥수 / 퓨전한식	★★★★	★★★★	★★★★	★★★★
성심당 / 베이커리	★★★★★	★★★★★	★★★★★	★★★★★
소나무풍경 / 곰탕	★★★★	★★★★	★★★★	★★★★
소담애 / 족발	★★★★	★★★★	★★★★	★★★★
손이가어죽칼국수	★★★★	★★★★	★★★★	★★★★
솔밭묵집	★★★★☆	★★★☆	★★★☆	★★★★
솔코리안레스토랑 / 코스한식	★★★★☆	★★★★★	★★★★★	★★★★☆
수복삼계탕 / 삼계탕	★★★★	★★★★	★★★★	★★★★
수통골감나무집 / 오리요리	★★★★	★★★★	★★★★	★★★★
숯골원냉면 / 냉면	★★★★☆	★★★★	★★★★	★★★★
시골길 / 낙지볶음	★★★★☆	★★★★☆	★★★★	★★★★☆
시골집생태	★★★★☆	★★★★☆	★★★★☆	★★★★☆

상호 / 메뉴	맛	서비스	시설	가격대비만족도
신미식당 / 선지국밥	★★★★☆	★★★☆	★★★☆	★★★★☆
신촌설렁탕	★★★★	★★★★	★★★★	★★★★
신토불이추어탕 / 민물장어	★★★★	★★★★	★★★☆	★★★★
아람답다 / 전통차	★★★★☆	★★★★	★★★★☆	★★★★☆
아리랑보쌈	★★★★☆	★★★★	★★★★	★★★★
안양해물탕본점	★★★★	★★★★	★★★★	★★★★
양사싯골 / 청국장	★★★★	★★★★	★★★★	★★★★★
양촌장어구이	★★★★☆	★★★★★	★★★★	★★★★
어명이요 / 명태조림	★★★★	★★★★	★★★★	★★★★
영동식당 / 닭볶음탕	★★★★	★★★★	★★★★	★★★★☆
영동올갱이 / 올갱이해장국	★★★★★	★★★★☆	★★★★☆	★★★★★
영희네매운등갈비찜 / 등갈비찜	★★★★	★★★★	★★★★	★★★★
예지원 / 한정식	★★★★☆	★★★★	★★★★	★★★★
옛터 / 한식	★★★★☆	★★★★	★★★★☆	★★★★
오문창순대	★★★★	★★★★	★★★★	★★★★
5.5닭갈비 대전본점	★★★★	★★★★	★★★★	★★★★
오천항간재미 / 간재미회무침	★★★★☆	★★★★	★★★★☆	★★★★
옥수숯불구이 / 고추장숯불구이	★★★★	★★★★	★★★★	★★★★
옥순네추어칼국수	★★★★☆	★★★★	★★★★	★★★★☆
온고을 / 콩나물국밥	★★★★	★★★★	★★★★	★★★★
온유네닭매운탕 / 닭매운탕	★★★★☆	★★★★	★★★★	★★★★
왕관식당 / 콩나물밥	★★★★	★★★★	★★★★	★★★★
우리집삼식이회무침 / 삼식이회무침	★★★★	★★★★	★★★★	★★★★
우미관 / 보리굴비	★★★★☆	★★★★☆	★★★★	★★★★
원미면옥 / 냉면	★★★★	★★★★	★★★★☆	★★★★
월산본가 / 냉면	★★★★	★★★★	★★★★	★★★★★
유성순대	★★★★	★★★★☆	★★★	★★★★
유소춘 / 뒷고기	★★★★	★★★★☆	★★★	★★★★
은혜식당 / 갈치,고등어조림	★★★★	★★★★	★★★★	★★★★
이계원한정식	★★★★☆	★★★★☆	★★★★☆	★★★★
이화수 전통육개장	★★★★★	★★★★	★★★★★	★★★★★
인정원 / 한정식	★★★★	★★★★	★★★★☆	★★★★
임진강한방숯불장어 / 장어구이	★★★★☆	★★★★★	★★★★★	★★★★☆
전복만세 / 전복삼계탕	★★★★	★★★★	★★★★	★★★★★
적덕식당 / 족발	★★★★☆	★★★☆	★★★☆	★★★★☆
정든부속구이 / 부속구이	★★★★☆	★★★★	★★★★	★★★★
정식당 / 닭볶음탕	★★★★☆	★★★★	★★★★	★★★★★
제주뜰항갈치조림	★★★★	★★★★	★★★★	★★★★

상호 / 메뉴	맛	서비스	시설	가격대비만족도
조대포가든 / 돼지구이	★★★★★	★★★★☆	★★★★	★★★★☆
조리미 / 명태시래기조림	★★★★☆	★★★★★	★★★★☆	★★★★★
족발제작소 / 족발	★★★★☆	★★★★★	★★★★	★★★★
지성훈왕족발	★★★★★	★★★★	★★★★	★★★★★
진로집 / 두부두루치기	★★★★★	★★★★★	★★★★☆	★★★★★
진수메밀냉면	★★★★	★★★	★★★	★★★★
진월당 / 팥죽	★★★★★	★★★★	★★★★☆	★★★★★
천개동농장 / 오리로스	★★★★	★★★★	★★★★	★★★★
천리집 / 순대	★★★★	★★★☆	★★★☆	★★★★
천수맛집 / 비빔밥	★★★★	★★★★	★★★★	★★★★
청솔식당 / 한식	★★★★	★★★★☆	★★★★	★★★★
초가집 / 김치두부수육	★★★★★	★★★★	★★★★	★★★★★
축제갈비 / 돼지갈비	★★★★	★★★★	★★★★	★★★★
케이인하우스 루 / 한정식	★★★★	★★★★☆	★★★★★	★★★★★
태강닭불고기찜장어	★★★★	★★★★	★★★★	★★★★
태평소국밥 / 소고기무국	★★★★	★★★★	★★★★	★★★★
토담낙지한마당 / 낙지요리	★★★★	★★★★	★★★★	★★★★
토박이 / 오징어불고기	★★★★	★★★☆	★★★★	★★★★
평산면옥 / 냉면	★★★★	★★★★	★★★★	★★★★
평양숨두부	★★★★	★★★★	★★★★	★★★★☆
풍전삼계탕	★★★★	★★★★	★★★★	★★★★
한마음면옥 / 냉면	★★★★	★★★★	★★★★	★★★★
한미당 / 김치찌개	★★★★☆	★★★★★	★★★★	★★★★
한빈원조막창 / 막창	★★★★☆	★★★★	★★★★	★★★★
한방삼계탕	★★★★	★★★★	★★★★	★★★★
한알천식당 / 막국수	★★★★	★★★★	★★★★	★★★★☆
한우김삿갓 / 한우	★★★★	★★★★	★★★★	★★★★
한우백화점 / 한우	★★★★	★★★★	★★★★	★★★★☆
함초양념갈비 / 돼지갈비	★★★★	★★★★	★★★★	★★★★
항아리보쌈 / 보쌈	★★★★	★★★★	★★★★	★★★★
홍천식당 / 콩나물밥	★★★★	★★★★	★★★★	★★★★
황태고을 / 황태탕	★★★★★	★★★★	★★★★	★★★★
황토우렁이마을 / 우렁쌈밥	★★★★	★★★★	★★★★	★★★★
회랑 / 청국장	★★★★★	★★★★	★★★	★★★★★
흑룡산 촌두부 / 손두부	★★★★★	★★★★	★★★★	★★★★★

중식

| 꽁뚜 / 베이징카오야 | ★★★★★ | ★★★★★ | ★★★★★ | ★★★★★ |
| 대성관 / 짬뽕 | ★★★★☆ | ★★★☆ | ★★★☆ | ★★★★☆ |

상호 / 종류	맛	서비스	시설	가격대비만족도
동방명주 / 중화요리	★★★★☆	★★★★	★★★★☆	★★★★☆
동천홍 / 사천탕면	★★★★☆	★★★★	★★★★	★★★★☆
라무다찌 / 양갈비	★★★★☆	★★★★☆	★★★★★	★★★★☆
쓰촨 / 중화요리	★★★★	★★★★☆	★★★★	★★★★☆
양식당 / 양갈비	★★★★☆	★★★★☆	★★★★☆	★★★★
양화리 / 양갈비	★★★★	★★★★	★★★★	★★★★
여리향 / 짬뽕	★★★★☆	★★★★	★★★★	★★★★☆
이비가짬뽕	★★★★☆	★★★★☆	★★★★	★★★★☆
자유대반점 / 중화요리	★★★★	★★★★	★★★★	★★★★
조기종의 향미각 / 꼬막짬뽕	★★★★	★★★★	★★★★	★★★★
조기천양고기 / 양갈비	★★★★	★★★★	★★★☆	★★★☆
태원 / 중화요리	★★★★	★★★★	★★★★	★★★★
태화장 / 중화요리	★★★★☆	★★★★	★★★☆	★★★★☆

양식

상호 / 종류	맛	서비스	시설	가격대비만족도
누오보나폴리 / 피자	★★★★☆	★★★★☆	★★★★	★★★★
더리스 / 브라질요리	★★★★★	★★★★☆	★★★★☆	★★★★☆
바질리코 / 이탈리안요리	★★★★☆	★★★★☆	★★★★	★★★★
병규돈가스 / 수제돈가스	★★★★☆	★★★★☆	★★★★	★★★★★
북하라인디아 / 인도요리	★★★★	★★★★	★★★★	★★★★
살루떼 / 이탈리안요리	★★★★☆	★★★★	★★★★	★★★★☆
아카바의식탁 / 퓨전양식	★★★★☆	★★★★	★★★★	★★★★
엘마노 / 이탈리안요리	★★★★	★★★★	★★★★	★★★★
올리브가든 / 핸드메이드파이	★★★★	★★★★	★★★★	★★★★
이태리국시 / 퓨전이탈리안요리	★★★★	★★★★	★★★★	★★★★★
인근주민 / 통닭	★★★★	★★★★	★★★★	★★★★
컬리나리아 / 토마호크스테이크	★★★★★	★★★★★	★★★★★	★★★★☆
팡시온 / 브런치카페	★★★★	★★★★	★★★★	★★★★
한스브레드 / 크로와상	★★★★☆	★★★★☆	★★★★	★★★★☆

일식

상호 / 종류	맛	서비스	시설	가격대비만족도
강구항 / 물회	★★★★☆	★★★★	★★★☆	★★★★☆
대게킹 / 대게킹크랩랍스타	★★★★	★★★★☆	★★★★	★★★★
동신수산 / 회	★★★★☆	★★★★☆	★★★★	★★★★☆
란스시 / 초밥	★★★★☆	★★★★☆	★★★★	★★★★
마초부엌 / 철판요리	★★★★☆	★★★★★	★★★★☆	★★★★☆
맛청 / 퓨전일식	★★★★☆	★★★★	★★★★	★★★★☆
매화도 / 회	★★★★☆	★★★★☆	★★★★	★★★★☆
미세노센세 / 일본식카레	★★★★	★★★★	★★★★	★★★★
복덩어리 / 복어요리	★★★★☆	★★★★☆	★★★★	★★★★☆

상호 / 메뉴	맛	서비스	시설	가격대비만족도
스바라시 / 일본식라면	★★★★☆	★★★★	★★★☆	★★★★★
스시안 / 초밥	★★★★☆	★★★★	★★★★☆	★★★★
스시호산 / 회	★★★★☆	★★★★☆	★★★★☆	★★★★★
이치고 / 초밥	★★★★☆	★★★★	★★★★	★★★★
참치정육점 / 참치회	★★★★	★★★★☆	★★★★	★★★★
피제리아다알리 / 화덕피자	★★★★	★★★★	★★★★	★★★★
황산옥 / 복어요리	★★★★	★★★★	★★★★	★★★★

분식

상호 / 메뉴	맛	서비스	시설	가격대비만족도
경동오징어국수	★★★★	★★★★	★★★☆	★★★★
고단백식당 / 콩국수	★★★★	★★★★	★★★	★★★★
공주분식 / 칼국수	★★★★	★★★★	★★★★	★★★★
논두렁추어칼국수	★★★★	★★★★	★★★★	★★★★
동원칼국수	★★★★★	★★★★☆	★★★★☆	★★★★
메밀고개시골막국수	★★★★	★★★★	★★★★	★★★★
미진 / 소바	★★★★	★★★★	★★★★	★★★★
복수분식 / 칼국수	★★★★	★★★★	★★★★	★★★★
봉이호떡	★★★★	★★★★	★★★★	★★★★☆
부추해물칼국수	★★★★	★★★★	★★★★	★★★★
사리원 / 냉면	★★★★	★★★★	★★★★★	★★★★☆
삼대째전통칼국수	★★★★	★★★★	★★★★	★★★★
소나무집 / 오징어칼국수	★★★★	★★★★☆	★★★★	★★★★
스마일칼국수 / 칼국수	★★★★☆	★★★★	★★★★	★★★★☆
신도칼국수	밋 ★★★★	★★★★☆	★★★★	★★★★
옛날손만두	★★★★	★★★★	★★★★	★★★★
오시오 칼국수 / 들깨칼국수	★★★★	★★★★	★★★★	★★★★
오씨칼국수	★★★★★	★★★★	★★★☆	★★★★★
오한순 손수제비	★★★★	★★★★	★★★★	★★★★
올래국수 / 제주고기국수	★★★★	★★★★	★★★★	★★★★
옹심이메밀칼국수	★★★★	★★★★	★★★★	★★★★
인동왕만두	★★★★	★★★★	★★★★	★★★★
하루방만두	★★★★	★★★★	★★★★	★★★★
행복한분식 / 잔치국수	★★★★	★★★★	★★☆	★★★★
홍두깨칼국수	★★★★	★★★★	★★★★	★★★★
황금모자 왕만두	★★★★☆	★★★★☆	★★★☆	★★★★

등장인물 찾기(순서)

강 명 숙	한국음식문화진흥연구원 이사	3-03
구 현 순	올리브가든 대표	5-10
권 태 웅	동구 관광문화체육과장	2-07
권 혁 남	㈜이비가푸드 대표	5-03
금 홍 섭	대전평생교육진흥원장	4-04
김 규 식	㈜맥키스컴퍼니 사장	4-01
김 덕 한	대덕대 호텔외식조리과 교수	4-01
김 미 홍	궁중요리전문가	4-01
김 봉 희	만인산휴게소 대표	5-02
김 상 만	대전마케팅공사 관광사업팀 과장	1-02
김 성 경	학교법인 우송학원 이사장	3-05
김 수 경	우송정보대 호텔관광과 교수	4-01
김 애 란	KBS대전총국 문화사업국장	2-02
김 용 두	대전시 관광마케팅과장	2-04
김 용 진	전 과테말라 대사관 조리장	3-03
김 재 근	세종특별자치시 대변인	4-05
김 정 규	타이어뱅크 회장	4-05
김 종 천	대전시의회 의장	3-06
김 학 만	우송대 보건복지대학장 및 대외협력처장	4-04
남 길 현	배재대 이벤트연구소 팀장	4-06
남 문 희	대전시의회 입법정책실 박사	3-06
류 용 환	대전시립박물관장	3-07
명 경 희	요가강사(필자 아내)	2-08
목 인 성	대선칼국수 대표	5-07
문 경 원	전 대전발전연구원 선임연구위원	3-06
문 주 현	혜전대 호텔관광과 교수	2-07
박 근 혜	임진강숯불장어 대표	5-04
박 병 식	한국조리사회중앙회 대전시지부장	3-04
박 용 갑	대전 중구청장	2-05
박 재 욱	전 KAIST 홍보실장	4-01
박 정 현	대전 대덕구청장	2-09
박 종 민	대전지방경찰청 정보과장	4-04
박 종 호	산림청장	4-04
박 철 모	동아일보 대전충남광고지사 부장	5-07
서 성 석	푸드트럭 추러스팩토리 대표	4-05
송 하 승	동아일보 대전충남광고지사장	5-07
송 현 철	한국관광공사 대전충남지사장	2-07
신 원 식	대전MBC사장	4-04
안 연 옥	공주관광협회 회장 연우당 대표	4-06
안 용 주	선문대 국제레저관광학과 교수	4-04
양 충 규	유성장대 B구역 재개발해체 주민대책위 총무	2-08

오세훈	대전마케팅공사 관광사업팀장 1-02
원세연	현 문화체육관광부 국민소통실 주무관 2-09, 4-01
유지상	전 중앙일보 기자·씨알트리 대표 3-03, 4-01
윤설민	대전세종발전연구원 박사 3-06
윤영훈	대원씨엔씨 대표변호사 4-04
윤혜려	공주대 식품영양학과 교수 1-03
이기용	꽁뚜 대표 5-06
이명완	전 대전마케팅공사 사장 4-05
이병우	전 롯데호텔서울 총주방장 3-05
이성수	더리스 대표 5-05
이성희	전 대전지검 차장검사(담박로펌) 4-04
이성희	맛칼럼니스트, 한국음식문화진흥연구원장 3-03, 3-06, 4-01
이승찬	㈜계룡건설 대표 4-05
이영돈	전 채널A 먹거리X파일 책임PD 3-06
이영환	㈜애브릿, 이화수 전통육개장 대표 5-08
이재관	행정안전부 지방자치분권실장 3-03, 4-05
이지은	단국대 무용학과 3-03
이춘희	세종특별자치시장 4-05
이호세	우송대 솔인터내셔널스쿨 교수 3-05
이효천	백제차전통예절원장 2-02
이희성	단국대 정책경영대학원 교수 4-01
인석노	대전시 농생명산업과장 3-06
임길순	성심당 창업자 5-01
임성호	계룡산도예촌 이쇼도예 4-04
임영진	성심당 대표 5-01
장종태	대전 서구청장 4-07
전미화	대전시 식품안전과 주무관 3-07
정강환	관광경영대학원장 2-02, 3-01, 4-06~7
정선화	한국관광공사 대전충남지사 차장 2-07
정대식	㈜금성백조 사장 4-05
정용래	대전 유성구청장 2-06
조근희	대전보건환경연구원 식의약연구부장 4-01
조승래	더불어민주당 유성갑 국회의원 2-08
최상현	한식국가대표 상비군 3-03, 4-01
최지원	올리브가든 파티쉐 5-10
한선희	대전시 문화체육관광국장 2-04
허태정	대전시장 2-06, 2-08
홍세희	한국음식문화진흥연구원 편집장 1-02
황인호	대전 동구청장 2-09
황희선	KBS대전방송총국 작가 4-01

식탐(食探)
맛있는 대전을 위하여

2019년 12월 10일 인쇄
2019년 12월 20일 발행

저   자 / **이기진**
발행인 / **성정화**
발행처 / **도서출판 이화**
대전광역시 중구 대종로505번길 54
장현빌딩 2층
Tel. 042-255-9708
Fax. 042-255-9709

ISBN **978-89-6439-165-5**
값 **13,000**

※이 사업은 대전광역시, **대전문화재단** 사업비 일부를 지원받았습니다.
※무단복제나 복사는 금합니다.
※잘못 만들어진 책은 바꾸어 드립니다.